*Clássicos do*
**DIREITO TRIBUTÁRIO**

*Conselho Editorial*

André Luís Callegari
Carlos Alberto Molinaro
César Landa Arroyo
Daniel Francisco Mitidiero
Darci Guimarães Ribeiro
Draiton Gonzaga de Souza
Elaine Harzheim Macedo
Eugênio Facchini Neto
Giovani Agostini Saavedra
Ingo Wolfgang Sarlet
José Antonio Montilla Martos
Jose Luiz Bolzan de Morais
José Maria Porras Ramirez
José Maria Rosa Tesheiner
Leandro Paulsen
Lenio Luiz Streck
Miguel Àngel Presno Linera
Paulo Antônio Caliendo Velloso da Silveira
Paulo Mota Pinto

Dados Internacionais de Catalogação na Publicação (CIP)

| | |
|---|---|
| C614 | Clássicos do direito tributário / Paulo Caliendo, coordenador ; Cristiane De Marchi ... [et al.]. – Porto Alegre : Livraria do Advogado Editora, 2016. |
| | 117 p. ; 23 cm. |
| | ISBN 978-85-69538-39-4 |

1. Direito tributário. I. Caliendo, Paulo. II. De Marchi, Cristiane.

CDU 34:336

CDD 343.04

Índice para catálogo sistemático:
1. Direito tributário                    34:336

(Bibliotecária responsável: Sabrina Leal Araujo – CRB 10/1507)

Paulo Caliendo
Coordenador

# *Clássicos do*
# DIREITO TRIBUTÁRIO

Cristiane De Marchi
Diego Galbinski
Eduardo Luís Kronbauer
Eduardo Muxfeldt Bazzanella
Fábio Tomkowski
Fernando Bortolon Massignan
Juliana Rodrigues Ribas
Larissa Laks
Paulo Caliendo
Veyzon Campos Muniz

*livraria*
DO ADVOGADO
*editora*

Porto Alegre, 2016

©

Cristiane De Marchi
Diego Galbinski
Eduardo Luís Kronbauer
Eduardo Muxfeldt Bazzanella
Fábio Tomkowski
Fernando Bortolon Massignan
Juliana Rodrigues Ribas
Larissa Laks
Paulo Caliendo
Veyzon Campos Muniz
2016

*Capa, projeto gráfico e diagramação*
Livraria do Advogado Editora

*Revisão*
Rosane Marques Borba

*Direitos desta edição reservados por*
**Livraria do Advogado Editora Ltda**.
Rua Riachuelo, 1300
90010-273 Porto Alegre RS
Fone: 0800-51-7522
editora@livrariadoadvogado.com.br
www.doadvogado.com.br

Impresso no Brasil / Printed in Brazil

# — Sumário —

**Introdução** – O que é um Clássico do Direito Tributário?
*Paulo Caliendo*.................................................................................7

**Viveiros de Castro (1867-1927)** – Tratado dos Impostos (estudo theórico e prático)
*Paulo Caliendo*...............................................................................13

**Pontes de Miranda (1892-1979)** – Democracia, Liberdade, Igualdade
*Paulo Caliendo*...............................................................................23

**Aliomar Baleeiro (1905-1978)**
*Diego Galbinski*..............................................................................31

**Rubens Gomes de Sousa** – Compêndio de Legislação Tributária
*Juliana Rodrigues Ribas*...................................................................39

**Alfredo Augusto Becker (1928-1993)** – Teoria Geral do Direito Tributário
*Veyzon Campos Muniz*......................................................................45

**Ruy Barbosa Nogueira (1919-2003)** – Da Interpretação e Aplicação das
Leis Tributárias
*Eduardo Luís Kronbauer*...................................................................53

**Amilcar de Araújo Falcão** – Fato Gerador da Obrigação Tributária
*Fábio Tomkowski*............................................................................65

**Geraldo Ataliba** – Hipótese de Incidência Tributária
*Fernando Bortolon Massignan*.............................................................75

**Paulo de Barros Carvalho**
*Eduardo Muxfeldt Bazzanella*.............................................................87

**Ives Gandra da Silva Martins** – A Teoria da Imposição Tributária
*Cristiane De Marchi*........................................................................95

**Ricardo Lobo Torres** – A Ideia de Liberdade no Estado Fiscal e no
Estado Patrimonial
*Larissa Laks*................................................................................105

# — Introdução —

## O que é um Clássico do Direito Tributário?

### PAULO CALIENDO[1]

A palavra *clássico* deriva do latim *classis* e designa aquele que pertence a uma classe. O termo era utilizado para designar a posição social de um indivíduo, ou seja, a que classe ele pertencia. A sociedade romana se dividia em senadores, magistrados, cavaleiros da Ordem Equestre, e aristocracia. Os plebeus até a República eram designados de *sem classe* ou *desclassificados*. Sua posição era acima dos escravos, mas não estavam no estrato dominante da *nobilitas*. O *clássico* significava aqui *nobreza* ou *preeminência*. Uma obra que desponta no topo das preferências de leitura da elite intelectual e social será uma obra clássica. O abuso nessa perspectiva induz ao afastamento, ao hermetismo ou a um certo eruditismo. O vício decorre dessa fantasia de ostentação intelectual em detrimento do argumento. A sua superioridade decorre da força interna da obra. Da solidez dos seus elementos internos, e não de seus adereços estilísticos. A palavra designa um recorte, ou seja, uma classificação. Este será criterioso ao máximo, próximo da perfeição.

O vocábulo designa, igualmente, uma obra a ser estudada nas *classes escolares*. Trata-se daquele autor que será objeto de estudo metódico e sistemático. Sua obra será submetida e ressubmetida ao rigor da análise profunda. Seus conceitos e modelos serão, ao final, respeitados e reproduzidos. O *clássico* assume o significado de *excelência* e *exemplar*. A contínua busca de manutenção do estilo clássico daria origem às palavras *classicismo* e *neoclassicismo*. O seu reconhecimento

---

[1] Graduado em Direito pela UFRGS. Mestre em Direito dos Negócios, pela Faculdade de Direito da UFRGS. É Doutor em Direito Tributário, pela PUC/SP. Professor Titular na PUC/RS, onde compõe o corpo permanente do Mestrado e Doutorado, ministrando a Disciplina de Direito Tributário, e de diversos cursos de Pós-Graduação no País. Autor do livro finalista do Prêmio Jabuti 2009 "Direito Tributário e Análise Econômica do Direito", publicado pela editora Elsevier. Conselheiro do CARF, vice-presidente da Academia Tributária das Américas, Árbitro da lista brasileira do Mercosul. Advogado.

não pode induzir ao dogmatismo. Ao fechamento para novas perspectivas e métodos. Ele é exemplar e não axiomático. A utilização de uma obra, como *medida* de comparação de excelência de outras, a transforma-a em novo clássico. Quanto maior o seu respeito pelos autores posteriores, quanto maior a força de propagação de seu estilo e de seu método, maior será o seu conceito. Nesse sentido, surge como obra de referência obrigatória, quase sacramental. Seria uma obra canônica.[2]

Outro sentido está na noção de *clássico* como *primevo*. As obras que permanecerem no gosto dos leitores cultos e nas classes escolares serão clássicas. Estas teriam sido longamente testadas e aprovadas. São textos sólidos. Presume-se que uma obra centenária tenha sido objeto de análise crítica e de rigor analítico incessante. A permanência de seu estudo é, em si, um título honorífico. Não basta ser antiga. Afinal, antigo não é sinônimo de clássico. Aquele pode significar igualmente algo feito no passado, mas com o sentido negativo de desatualizado, decadente ou envelhecido. O clássico é sempre atual. É uma obra que pode ser lida e relida e terá sempre mais para nos contar.[3] Ela é atual na solução de problemas atuais. A sua primeira leitura será uma releitura. Será possível identificar nela o estilo e a preocupação que outros autores igualmente possuem. Em alguns casos, essa saudável reverência se transmuta em mimetismo, em uma imitação grosseira de determinado autor. O inovador surge com pretensões de se tornar clássico. De criar novos caminhos ainda não desbravados. De indicar para os demais um ponto de vista novo, uma nova agenda de análise, um novo método de estudo.

Os clássicos em Direito Tributário serão aqueles autores que se destacaram pelos seus estudos profundos sobre a matéria. De certo modo, são os fundadores. Aqueles que, por seu método, preocupação e rigor de análise, merecem ser estudados e homenageados. Toda a classificação impõe um recorte, que tanto menos será injusto, quanto mais criterioso for. A escolha dos clássicos do Direito Tributário deve levar em conta as obras que, por sua visão ou metodologia, trazem os fundamentos para apreciação desse complexo fenômeno que é a tributação.

Como lidar com um fenômeno multifacetado como a tributação? Qual a correta vinculação com as perspectivas econômicas, sociais e históricas? Qual o método adequado de análise jurídica da tributação? Quais os institutos e conceitos tributários? Essas e outras questões fo-

---

[2] Bloom.
[3] Calvino, Ítalo.

ram respondidas, de modo distinto, por grandes autores. É a aproximação pessoal que cada um fez que devemos tratar.

## Qual a importância de se estudar um clássico do Direito Tributário?

Depois de nos determos na difícil tarefa de se identificar um clássico, outra igualmente difícil nos surge. Por que estudar os clássicos? Em parte, essa pergunta já está respondida. Pela natureza exemplar que essas obras possuem. Elas garantem um padrão de correção que nos ajudam a construir a coerência de estudo na análise de determinado assunto. São um referencial importante de rigor.

Reconhecer e citar os clássicos são uma demonstração de honestidade intelectual. Não deixa de ser uma forma de mapear os conceitos utilizados e indicar a sua evolução histórica. Essa é uma razão que adquire uma importância destacada quando necessitamos estudar determinados conceitos. Como eles assumiram o significado atualmente utilizado? Quais os contextos linguísticos em que foi utilizado? Trata-se de uma tarefa de reconstrução semântica de determinados conceitos. E porque não se dizer, igualmente, de métodos e escolas de pensamento.

O mau uso dos estudos sobre a evolução histórica nos legou um certo preconceito com o recurso ao passado. O abuso aparecia das mais variadas formas. Surgia como referências longas e desnecessárias a fatos pouco aderentes ao problema que se estava a tratar. Por vezes existia a citação esporádica de períodos históricos desconexos. Uma mera descrição sem nenhuma linha argumentativa identificável. Citava-se aqui a Grécia, em seguida a Renascença e, *voilà*, chegava-se ao Século XXI em uma velocidade estonteante. Algumas vezes, autores que eram inimigos históricos estavam posicionados juntos no texto, na mesma linha, separados apenas por meros espaços e talvez alguma conjunção, evitando que os mesmos se engalfinhassem, ali mesmo, em um poço de tinta tipográfica.

O despreparo dos juristas na *análise histórica do Direito* (AHD) deu sorte à maior gama de gafes históricas possíveis. Um autor positivista era utilizado para referendar o pensamento de um jusnaturalista. Os textos eram descontextualizados ou contextualizados de modo errôneo. Os abusos foram tantos, que era melhor deixar a citação histórica de fora. Não que esta não fosse importante. Nem que não fosse útil e produtiva, mas deveria ser bem-feita. É como se os juristas fossem postos de castigo pela História, que lhes orientou a estudar uma metodologia adequada antes de voltarem a dizer sandices. A medida foi

Clássicos do Direito Tributário

inócua. A falta de prática, antes de preparar os juristas, teve o efeito contrário. Criou a falsa ilusão de que o estudo da história dos conceitos era um mero capricho, um luxo arqueológico. Era chegada a hora de ressaltar a importância da análise histórica.

## Qual o método de estudo dos clássicos do Direito Tributário?

A *análise histórica do Direito* (AHD) ainda está determinando a sua adequada metodologia, mas algumas referências desde já são importantes. Ela aparece como Teoria da História, História das Ideias, História dos Conceitos (*Begriffsgeschichte – Reinhart Koselleck*); contextualismo histórico (*Quentin Skinner*) e história do Pensamento.

Uma abordagem possível é o enfoque puramente estrutural das mudanças históricas, que descreva os seus elementos principais, características e conceitos permanentes. *August Comte* será um dos primeiros autores a exigir a aplicação de um método científico e quantitativo para o estudo das leis da História.

A metodologia estruturalista se amplia com novas possibilidades quantitativas, dentre as quais, pode-se citar a *Jurimetria*. O termo designará o uso de instrumentos estatísticos para compreender conceitos jurídicos. A *Jurimetria* se difundirá após o trabalho de *Lee Loevinger*, em 1949. O primeiro trabalho sobre o uso de estatística, aplicada ao Direito, remonta aos estudos de *M. Nicolau Bernoulli,* publicada na obra *"Do uso da Arte de Conjecturar para o Direito"* (*De Usu Artis Conjectandi in Jure*), de 14 de junho de 1709. O objetivo geral desta é descobrir a unidade de sentido na utilização de determinado termo durante o tempo (ex.: *"democracia"*). Este transparecerá sob uma forma textual comum ao uso de uma palavra ao longo de sua utilização. Igualmente na França surgirá a Teoria do Discurso (*ADF – Analyse du Discours Française*), com proximidade ao discurso marxista.

A França, ainda, assistirá ao surgimento dos *Annales d'histoire économique et sociale,* comandado por *Marc Bloch, Lucien Febvre e Fernand Braudel.* Esta escola reagirá contra a história dos eventos e ampliará o escopo de estudo para abarcar o contexto histórico em sua riqueza. Interessará compreender a psicologia, a cultura, as ideias que moldaram os fatos históricos. Haverá o recurso aos outros saberes, auxiliares na compreensão mais ampla do contexto factual. Os historiadores deverão dialogar com Antropologia, Psicologia, Economia, entre outras disciplinas.

O *contextualismo histórico* de *Skinner*, da *Escola de Cambridge*, investirá sobre o modelo de pesquisa histórica textual, ou seja, por meio da análise dos textos clássicos, considerando-os como autônomos de seu contexto. O modelo textual daria origem a mitologias, e não a verdadeiras explicações históricas. O primeiro mito seria da coerência absoluta dos textos de um autor. Qualquer passagem seria imediatamente elevada à condição de *"doutrina"*, mesmo que possuísse um sentido ocasional no texto. Ele questionará, igualmente, o *contextualismo social*, ou seja, aquele que parte do pressuposto de que uma ideia professada em uma determinada época é reflexo de sua época, reduzindo a autonomia do pensamento a um determinismo histórico. O papel do indivíduo é reduzido à mera peça do mecanismo social. Defenderá um *contextualismo linguístico*, em que os textos históricos seriam o registro escrito da intencionalidade do agente, em determinado momento. Estes esclareceriam o que o autor queria dizer (*intenção*) quando disse algo.

O modelo de *análise funcionalista da história*, gradativamente, assumirá um papel de destaque. Será importante não apenas destacar os textos históricos principais, medi-los, compará-los entre si e com o contexto social, mas igualmente determinar a sua função histórica. Essa abordagem presente em *Skinner* será encontrada, igualmente, em outros autores como *Émile Durkheim* e *Talcott Parsons*.

Como se pode notar, os modelos em análise histórica são ricos em instrumentos de análise do pensamento. Não há sentido que o estudo do Direito Tributário desconsidere nessas inovações. Tampouco se pode esquecer que uma visão sistemática do Direito demanda a análise de argumentos históricos, tanto em seu sentido estrutural-quantitativo, quanto funcional-conceitual. O recurso a uma *Análise Histórica do Direito* não é uma autorização para um exame meramente contextualista dos conceitos jurídicos. Estes possuem uma coerência interna dada pelos textos normativos. Trata-se da pressuposição de que a linguagem normativa contida no texto jurídico é aberta ao sentido que advém do contexto histórico. Entender o *tempo histórico* de uma obra é uma forma de compreensão do sentido de suas ideias.

Uma *Análise histórica do DT* nos permitiria o entendimento mais adequado dos conceitos jurídicos utilizados, tais como *"tributo"*, *"imunidade"* ou *"contribuições"*. Veja-se, por exemplo, o caso das imunidades constitucionais. O seu estudo é inseparável do contexto histórico que permitiu a sua criação no Brasil, diferentemente de outros países que não as adotaram. Igualmente inafastável é a análise dos autores e obras que defenderam a sua adoção, moldaram a sua definição constitucional e estabeleceram o seu regime.

Clássicos do Direito Tributário

Esse estudo importantíssimo revela graves erros conceituais, desvela alguns mitos e supera algumas dificuldades argumentativas. Afinal, será que sempre as imunidades devem ser interpretadas extensivamente? Todas as imunidades são cláusulas pétreas? As imunidades estão exaustivamente listadas no texto constitucional? Essas e tantas outras perguntas podem ser melhor respondidas se for entendido o contexto em que foram propostas.

Veja-se, igualmente, a distinção entre contribuinte de fato e de direito, ou entre tributos diretos e indiretos. Algumas das afirmações correntes levam em consideração uma repetição dogmática de algumas pressuposições que não possuem rigor conceitual. Muitas delas fundamentadas em uma "tradição" jurídica que inexiste. Um acurado exame histórico revela, muitas vezes, que o que é tido como conceito histórico é, em verdade, um relato parcial do sentido pretendido, e ainda assim, em um determinado contexto.

Não se pode pretender realizar uma história dos conceitos, linear e absolutamente, autônoma aos seus autores. Decerto que as ideias, quando expostas, entram em domínio público, que as lê, utiliza e afirma o seu sentido. Mas não se pode, igualmente, cair no erro oposto do *objetivismo* extremado. Este erra quando afirma que os conceitos possuem uma existência própria, absolutamente distinta de seus autores, contexto ou obras. Nem o subjetivismo puro, nem o objetivismo extremado estão corretos.

Para compreender um conceito jurídico, será necessário conhecer a opinião das diversas correntes doutrinárias sobre o mesmo. É desse diálogo, sob a forma muitas vezes de um verdadeiro choque de entendimentos, que ele será forjado. A interpretação jurídica seria empobrecida por uma análise meramente textual. É nesse ponto que se ressalta a importância do pensamento sistemático. Nada demonstra ser mais atual do que a leitura dos clássicos em Direito Tributário.

# — Viveiros de Castro (1867-1927) —

## Tratado dos Impostos (estudo theórico e prático)

## PAULO CALIENDO[1]

*Sumário*: 1. Vida; 2. Obra; 3. Principais ideias; 4. Referências.

### 1. Vida

*Augusto Olympio Viveiros de Castro* foi um dos primeiros autores em Direito Tributário do País e, talvez, o primeiro a escrever com profundidade sobre um tema que somente se tornaria disciplina autônoma na década de 50. Nasceu em 27 de agosto de 1867, na província do Maranhão, filho do Senador Augusto Olympio Gomes de Castro e D. Ana Rosa de Viveiros de Castro.

Estudou na prestigiosa Faculdade de Direito de Recife, formando-se bacharel em Direito em 1888. Foi Promotor Público, Advogado e Juiz no Estado do Maranhão. Foi representante do Ministério Público junto ao Tribunal de Contas. Em 27 de janeiro de 1915, foi nomeado Ministro do Supremo Tribunal Federal.

Foi Professor Honorário da Faculdade de Direito do Rio de Janeiro, desde 1907. Escreveu sobre diversos aspectos do Direito Tributário, especialmente sobre a História Tributária do Brasil; sobre a natureza das taxas e sobre as finanças públicas. Faleceu em 14 de abril de 1927, no Rio de Janeiro.

---

[1] Graduado em Direito pela UFRGS. Mestre em Direito dos Negócios, pela Faculdade de Direito da UFRGS. É Doutor em Direito Tributário, pela PUC/SP. Professor Titular na PUC/RS, onde compõe o corpo permanente do Mestrado e Doutorado, ministrando a Disciplina de Direito Tributário e de diversos cursos de Pós-Graduação no País. Autor do livro finalista do Prêmio Jabuti 2009 "Direito Tributário e Análise Econômica do Direito", publicado pela editora Elsevier. Conselheiro do CARF, vice-presidente da Academia Tributária das Américas, Árbitro da lista brasileira do Mercosul. Advogado.

## 2. Obra

O livro publicado, em sua primeira edição, na Capital Federal (Rio de Janeiro), em 02 de fevereiro de 1901 (*sic!*), pretendia estabelecer um estudo abrangente do tema dos tributos no País. Alertava o autor que as obras obrigatórias na época não haviam alcançado uma "compendiação methodica de toda a matéria tributária".[2] Escreve, para tanto, uma obra de 828 páginas sobre o assunto. As obras, consideradas à época como de consulta obrigatória, eram os livros *Elementos de Finanças*, de Amaro Cavalcanti, e *Manual da Sciencia das Finanças*, de Veiga Filho.

*Viveiros de Castro* propunha, em 1901, uma reforma radical do sistema tributário, com uma consequente revisão do texto constitucional. Falava o autor do texto aprovado havia apenas dez anos. Afirmava que deveria ser alargada a esfera de taxação da União e ser suprimido o direito de iniciativa do Congresso Nacional, em matéria de despesas.

Sabiamente, afirmava que "a economia não é uma virtude parlamentar". Citando Scipio Sighele, dizia que o deputado é "um homem pródigo em favores na esperança de receber em retribuição um grande serviço – a reeleição". Alertava a importância das finanças públicas para o bem-estar dos cidadãos. Mais do que isso. Para o autor, a força e o prestígio de um Estado dependem das condições de seu orçamento,[3] citando Kokovtzoff.

Relatava o extraordinário aumento das despesas públicas em, praticamente, todas as nações civilizadas, bem como um esforço descomunal para elaboração de leis orçamentárias equilibradas.

Os encargos fiscais cresciam em velocidade, obrigando os contribuintes a protegerem-se das medidas desproporcionais. Criava-se em Paris, em 1898, a Liga dos Contribuintes; na Itália, propunha-se igual medida. Esperava que seu livro auxiliasse a criação de uma Federação de Contribuintes.

*Viveiros de Castro* cita os seguintes autores nacionais em sua obra: Andrade Pinto (*Impostos e rendas geraes do Imperio do Brasil*); Barão do Rosario (*O orçamento*); Castro Carreira (*Historia Financeira e orçamentaria do Imperio do Brasil*); João Barbalho (*Comentários à Constituição Federal Brasileira*), e Santos Jardim (*Princípios de Finanças*).

A grande quantidade de autores citados demonstra a existência de significativas obras sobre tributação e a Ciência das Finanças, que

---

[2] CASTRO, Augusto Olympio Viveiros de. Rio de Janeiro: Imprensa Nacional, 1910, p. IX.
[3] *Op. cit.*, p. 03.

ficaram esquecidas durante algumas décadas. Dentre os livros citados, incluem-se Boucard e Jéze (*Elements de la Science des Finances*); Boulanger (*Traité des impóts du peuple romain*); Charles Philippe (*L'Impôt sur le revenue*); Clergier (*Notions historiques sur les impôts et les révenus de l'ancien régime*); Cossa (*Premier élements de la Science des finances*); Derbanne (*La Réforme des impôts en Prusse*); Leon Say (*Les solutions démocratiques de la question des impôts*); Leroy-Beaulieu (*Traité de la Science des finances*); Martinet (*L'Impôt sur le revenu*); Máse Dari (*La imposta progressiva*); Medina y Marañon (*Las Leyes de hacienda de España*); Nitti (*Principles de Sciene des Finances*); Rica Salerno (*Scienza dele Finanze*); Stourm (*Systèmes généraux d'impóts*), e Zorli (*Codice del Contribuinte*).

O autor inicia o seu Tratado com o estudo do orçamento e justifica esta escolha. Para ele, sem ordem nas finanças não pode haver prosperidade, de tal modo que nenhum ato da vida do Estado possui mais importância do que a elaboração do orçamento.

*Viveiros de Castro* discorre, profundamente, sobre o orçamento no Direito comparado, verificando as experiências italiana, alemã, francesa, inglesa e estadunidense. Adotará a definição de *Boucard* e *Jéze*, de que este é: "o acto de administração-geral pelo qual são resolvidas e autorizadas previamente, e para um período determinado, as despesas e as receitas annuaes do Estado".[4]

Para ele, o orçamento deveria necessariamente passar pelo Poder Legislativo, caracterizando-se como uma lei formal. Deveria ser objeto de escrutínio público. Discorrerá sobre as qualidades de um orçamento moderno, conforme as lições de *Nitti*. Alertava, especialmente, para os riscos da iniciativa parlamentar, especialmente da Câmara dos Deputados.

Essa era uma prerrogativa transplantada do direito inglês e que seria a fonte de diversos males fiscais. O instituto surgido na livre Inglaterra havia sido conferido à Câmara dos Comuns, sob peculiares condições políticas. Esta casa se reunia somente quando convocada pela Coroa, diferentemente da Casa dos Lordes, que era hereditária e permanente. Assim, para garantir a convocação pela Coroa, impôs o dever de apreciação das contas como meio de garantir a periodicidade das suas reuniões. Nem os lordes tinham interesse direto, pois ficavam fora do alcance das leis fiscais.

No modelo estadunidense, a restrição da iniciativa à Câmara dos Deputados se justificaria pelo fato de que a riqueza dos grandes estados federados não estaria protegida se o Senado tivesse iniciativa em leis de finanças. Outra explicação, preferida pelo autor, é de que

---

[4] BOUCARD e JÉZE *apud op. cit.*, p. 05.

as colônias haviam mantido, por tradição, o modelo inglês de manter a iniciativa somente com a Câmara dos Representantes. Depois de um longo estudo sobre as espécies e natureza das receitas e despesas públicas, *Viveiros de Castro* faz um alerta ainda atual: "são grandes e incontestáveis as vantagens do governo democrático; mas também é inegável que, se não mudarmos de rumo, ele será o mais dispendioso dos governos, um luxo caro de que todos os povos não poderão gosar".[5]

Relata que, em 23 de dezembro de 1902, o Dr. Alfredo Varella, Deputado Federal pelo Estado do Rio Grande do Sul, apresentou um *Projeto de Código Financeiro da Republica*. Trata-se de uma obra detalhada e bastante avançada para o seu tempo e que deu base para a elaboração do *Código de Contabilidade Pública*, sancionado pelo Decreto n° 4.536, de 28 de janeiro de 1922.

Depois de estudar exaustivamente o orçamento, *Viveiros de Castro* exporá a evolução histórica dos impostos desde Roma, passando pela França até expor os fundamentos da tributação no Brasil. Adotará como definição de imposto a sugerida por Meucci, em sua obra *L'Instituzione di diritto amministrativo*, como sendo a "quota de valores devida ao Estado para sustentar os encargos públicos".[6] Esse conceito ainda deixava vários aspectos em aberto, tal como a natureza legal, pecuniária e obrigatória dos tributos, mas se constituía claramente em uma primeira tentativa, na doutrina nacional, em definir os impostos por uma conceituação jurídica.

Classificava as percepções que recaíam sobre os indivíduos em três grandes espécies: os *impostos propriamente ditos, as taxas, e os foros ou censos (redevances)*. Não utilizava, o autor, a denominação "*classificação dos tributos*", mas claramente estava a tratar deles. Nos foros, estariam abrangidos preços públicos, tal como a doutrina passou a denominar. Os *impostos* seriam as somas, em dinheiro, exigidas dos indivíduos *sem prestação de serviço determinado*. Distinguia-os das taxas. Estas seriam pagas em compensação de serviços prestados individualmente. Os "impostos, pelo contrário, são contribuições gerais pagas por serviços públicos indivisíveis". Note-se que essa definição será consagrada claramente no CTN de 1966.

As *taxas* seriam conceituadas conforme a doutrina francesa. Elas poderiam ser em função de um *serviço público de natureza obrigatória* (ex.: taxas sanitárias, direito de verificação dos pesos e medidas); pelo *uso normal das dependências do domínio público* (taxas de pedágio e estacionamento em vias públicas) e *exigidas obrigatoriamente por ocasião*

---

[5] *Op. cit.*, p. 43.

[6] *Op. cit.*, p. 117.

*de vantagens particulares, para certos indivíduos, do funcionamento de um serviço público* (taxa para o calçamento de ruas). Apesar de não ser tão sistemática, a divisão lembra em muito a classificação adotada pelo CTN em taxas de exercício do poder de polícia e de serviços efetivos e potenciais.

Distinguia os impostos e taxas pelo *criterium* de divisão. Ainda não utilizava a nomenclatura que se consagraria posteriormente como *"base de cálculo"* dos tributos. Nas taxas, esse critério dava-se pela totalidade das despesas ocasionadas, enquanto que, para os impostos, seria a quantidade de riqueza dos contribuintes. Posteriormente, a doutrina denominará esse fenômeno de *"capacidade contributiva"*.

O *Fôro* ou *censo* (*redevances*) seria a retribuição por serviços facultativos.

Delimitará a incidência do imposto como o fato de sua aplicação a uma pessoa determinada, podendo ser de três espécies: evasão, translação e repercussão do imposto. A *evasão* ocorre quando o indivíduo consegue subtrair-se, completamente, do encargo do imposto. A *translação* dá-se quando o contribuinte consegue *"descarregar"* o imposto, sobre outrem, no preço das mercadorias que vende ou nos serviços que presta. A *repercussão* é o reflexo do imposto sobre os diversos elementos da ordem econômica.

Lembrava que esse era o tema mais apaixonante da Ciência das Finanças. A marcha dos povos está marcada pela luta, entre as diversas classes, em atribuir o peso dos impostos. Atacava o argumento de que o imposto deveria recair, exclusivamente, sobre o capital. Fatalmente, estaria condenada à ruína a nação que vivesse do seu capital. Afinal, o capital migraria para um porto seguro para escapar à perseguição.[7]

Igualmente devem ser contestados os impostos sobre o luxo. Estes seriam improdutivos sempre que assumissem o caráter de punição, de multa ou de repreensão moral. O Estado não deveria utilizar os impostos como meio de elevação moral, salvo indiretamente. A burguesia que cultua o luxo como *phantasia intermittente* é em número reduzido na sociedade e retrai-se facilmente quando a *"mão do fisco se torna demasiadamente pesada"*.[8] A tributação sobre o luxo é justificada quando se assenta sobre a renda tributável, sendo vexatória quando tem caráter de inveja social.

*Viveiros de Castro* assumia a tese do Duque de Broglie, segundo a qual *todo imposto, em última analyse, recahe sobre o consumidor*.[9] Essa

---

[7] *Op. cit.*, p. 134.

[8] *Idem ibidem.*

[9] *Op. cit.*, p. 137.

tese comprovou-se de modo claro em uma economia industrial e de mercado de massas.

Instigante, também, é a crítica do autor à tese de *Rossi*, segundo a qual o Estado é coproprietário da riqueza nacional.[10] Para ele, o poder tributário do Estado encarna o ser coletivo e é superior às vontades individuais. Sua existência decorre de necessidades coletivas que não podem deixar de ser satisfeitas.

Renega a *teoria contratualista* dos impostos ao afirmar que nem o Estado é um mero contratante, nem mero credor de um título especial. Sua atividade subjaz em uma relação jurídica de Direito público. Afirma:

> O fundamento do imposto, portanto, reside na sociabilidade, o seu pagamento constitui um dever social, sendo o contribuinte obrigado a destinar aos fins comuns uma parte da riqueza produzida.

Afirmava que o poder de *"taxar"* (leia-se tributar) é um atributo inerente à soberania nacional, não podendo o seu exercício ficar dependente de convenções particulares. Antecipava, o autor, o dispositivo do art. 123 do CTN, que retira a eficácia das convenções particulares perante o fisco.

Defenderá a doutrina de Wagner, Schaffe e Neummann, segundo a qual o critério de taxação é a capacidade contributiva dos cidadãos. Alertava, ainda, que *"uma renda igual está muito longe de representar uma capacidade contributiva igual"*.[11] É fundamental se tomarem em consideração as condições individuais dos cidadãos. Os fatores subjetivos da capacidade econômica produzem enormes diferenças sobre a renda individual. A progressão dos impostos deve ser considerada. Dois princípios regem os impostos: a generalidade e a universalidade. É indispensável que o sacrifício fiscal seja igual entre todos, ou seja, uniforme. Deve igualmente atingir todas as situações, característica da *generalidade*.

Observa *Viveiros de Castro* que a doutrina alemã menciona um *mínimo existencial* (*Existenzsminimun*), ou seja, uma receita mínima necessária à existência que está isenta de impostos. Sem acatar claramente essa teoria, declara o autor que:

> Mesmo não se admitindo o – Existenz minimum dos theoricos alemães, não é contestável a necessidade de se isentar dos impostos diretos uma certa renda, cuja fixação depende das diversas fórmas de distribuição e, sobretudo, dos progressos da producção.[12]

---

[10] *Op. cit.*, p. 140.

[11] *Op. cit.*, p. 153.

[12] *Op. cit.*, p. 160.

Para o autor:

"A absoluta igualdade perante a lei é axioma de direito constitucional; o ônus da taxação deve pesar sobre todas as pessoas capazes, sem isenções injustificadas, e, por isso mesmo, odiosas".[13]

Ele combaterá a ideia de um imposto único. O imposto justo deveria abarcar todas os elementos da riqueza e recair sobre o capital, a renda e as aquisições a título gratuito. Os objetos de primeira necessidade deveriam ser isentos. Combatia as proibições aduaneiras e os monopólios de fabricação de artigos de consumo. Demonstrava, assim, defender o livre-comércio

O imposto, quanto à qualidade da riqueza, pode ser *in natura* e *in pecunia*. Relata que o primeiro foi defendido por Jean Jacques Rousseau, em sua obra *Considerações sobre o Governo da Polônia*, e teria sido aplicado na França revolucionária. O fracasso teria sido tão estrondoso, que o imposto *in natura* teria sido extinto nesse País. Este é incômodo: o seu funcionamento exige um exército de fiscais, enormes depósitos e armazéns para a guarda de um produto perecível. Não há como o Estado utilizar, diretamente, tais pagamentos. Deve, primeiro, converter em pecúnia para, depois, custear as suas atividades. A doutrina entendeu ser melhor cobrar logo em moeda.

*Viveiros de Castro* se debruçará sobre os impostos proporcionais e progressivos. O primeiro cobraria do contribuinte a mesma cota, independentemente da sua importância; o segundo possui um divisor variável e cresce na medida do crescimento da renda individual. Este seria aplicado na Inglaterra, na França, na Prússia, na Rússia e na Suíça.

Diversas são as críticas levantadas contra o *imposto progressivo*. Para Stuart Mill, seria taxar a economia e a atividade, impondo uma multa aos que trabalharam e economizaram mais que os outros. Proudhon ataca a progressividade, alegando que ela não é produtiva, pois recai, principalmente, sobre as rendas médias, visto que as grandes são apenas uma pequena minoria da sociedade. A proposta de João Batista Say será considerada igualmente intolerável. Este propunha a tributação sobre o *acréscimo de renda*, e não sobre a sua totalidade. Chega o autor a uma opinião conclusiva: razões de justiça distributiva militam contra a progressividade.[14]

Os impostos podem ser divididos em diretos e indiretos, quanto à matéria tributável. A distinção entre eles não é pacífica entre os financistas. Para *Viveiros de Castro*, esta repousa na ideia de que alguns impostos

---

[13] *Op. cit.*, p. 162.
[14] *Op. cit.*, p. 194.

são definitivamente suportados por aqueles que os pagam, enquanto os impostos indiretos estão destinados a incidir, por intermédio dos pagadores, sobre os verdadeiros contribuintes. Alerta que, no final das contas, essa é uma divisão frágil, muitas vezes imperceptível.

Em seguida, o autor discorrerá sobre cada imposto e tributo em espécie. Analisará o imposto sobre a renda, sobre o capital, sobre o consumo, as contribuições indiretas. O nível de detalhamento, histórico e argumentativo, é impressionante. Somente a título de exemplo, cabe referir a análise do autor sobre os debates parlamentares para a criação do imposto sobre a renda no Brasil. Desdobrará os argumentos a favor e contra. Significativo, do ponto de vista histórico, está no seu resgate dos pareceres favoráveis de *Honorio Augusto Ribeiro,* do *Visconde de Jequitinhonha,* da Comissão do Orçamento da Câmara dos Deputados e de *Ruy Barbosa.*

A obra possui tantos aspectos relevantes, que é impossível reproduzir em poucas páginas o excelente texto de *Viveiros de Castro.* Sua análise profunda da doutrina financista estrangeira, o trato crítico dos principais temas e seu estilo agradável de leitura tornam a sua obra um clássico. Escrito em 1901, muito antes das grandes obras clássicas do Direito Tributário, ele destaca-se como uma grande obra. Esquecido, mas ainda assim um grande livro.

### 3. Principais ideias

*Viveiros de Castro* merece estar, por seu pioneirismo, entre os Clássicos do Direito Tributário. Sua obra de 1901 é provável e, surpreendentemente, a primeira em profundidade e abrangência sobre essa matéria, antecipando em décadas o tratamento sistemático que receberá com Aliomar Baleeiro, Rubens Gomes de Souza, Ruy Barbosa Nogueira e Amílcar de Castro.

Sua obra permanece, ainda, vinculada à análise do fenômeno tributário como parte do estudo das finanças públicas, tal como faziam os principais autores de sua época. Não se trata de um texto de Direito financeiro, como aparentaria à primeira vista. O espaço dedicado aos impostos e taxas é significativo. Ocupa grande parte do livro. O método de análise preocupa-se com a natureza jurídica dos institutos. Há uma perspicácia na abordagem dos temas teóricos. Para isso, contribuiu a forte vivência profissional do autor, que teria sido advogado, juiz, promotor e Ministro do Supremo Tribunal Federal.

*Viveiros de Castro* merece estar entre os clássicos do Direito Tributário, por ter sido um precursor. Foi um financista por excelência, mas isso não desmerece a sua importância para o Direito Tributário. Ele antecipa em décadas a exposição de temas que, ainda hoje, são instigantes. Ele é um clássico, por ainda ser uma leitura atual. Não apenas foi um predecessor no estudo da tributação, como a sua leitura ainda fornece argumentos válidos para o debate contemporâneo. É também um clássico, pela sua contribuição à formação da doutrina posterior, especialmente por sua influência na obra de *Aliomar Baleeiro*. Coube a este proferir o discurso de homenagem ao centenário de nascimento de *Viveiros de Castro*, em 30 de agosto de 1967, na Sessão Ordinária do Tribunal Pleno do Supremo Tribunal Federal.

## 4. Referências

- O Contrabando, 1899.
- Tratado dos Impostos, 2 edições, 1901, 1910.
- "A Jurisdição contenciosa do Tribunal de Contas", Revista de Legislação, Doutrina e Jurisprudência, 1904.
- Tratado de Direito Administrativo e Ciência da Administração, 3 edições, 1906, 1912 e 1914.
- "Natureza Jurídica das Taxas", RF 12/8, 1909.
- De 1'expropriation à cause de 1'utilité publique, Bruxelas, 1910.
- Devoirs, droits e responsabilité des fonctionaires publiques, Bruxelas, 1910.
- Tratado de Ciência da Administração e Direito Administrativo, 1912.
- "O Estatuto dos Funcionários Públicos", RF 17/93, 1912.
- Estudos de Direito Público, 1914.
- Direito Público e Constitucional, 1914.
- A convocação da Constituinte de 1822, 1914.
- A Questão Social, 1920.
- Curso de Direito Internacional Privado, 1920.
- "O Fico", Rev. IHGB, 1922.
- "História Tributária do Brasil", Rev. IHGB.
- "Acórdãos e votos comentados", Revista do Supremo Tribunal, 1925.

# — Pontes de Miranda (1892-1979) —

## Democracia, Liberdade, Igualdade

### PAULO CALIENDO[1]

*Sumário*: 1. Vida; 2. Obra – Democracia, liberdade, igualdade; 3. Principais ideias; 4. Referências .

## 1. Vida

*Francisco Cavalcanti Pontes de Miranda* nasceu em Maceió, em 23 de abril de 1892 e faleceu, na cidade do Rio de Janeiro, em 22 de dezembro de 1979. Sua vasta obra possui um caráter enciclopédico e se espalha por diversos ramos do conhecimento, tais como: o Direito, a Literatura, a Filosofia e a Sociologia. Sua atuação profissional foi igualmente ímpar. Atuou como advogado, magistrado, professor e diplomata. Sua surpreendente produção teórica foi assombrosa, não somente pelos campos em que atuou, mas igualmente pelo número de livros escritos. Somente o *Tratado de Direito Privado* possui 60 (sessenta) volumes, podendo ser considerada a obra individual mais extensa na área do Direito, de que se tem conhecimento.

Formou-se em 1911, pela prestigiada Faculdade de Direito do Recife. Em termos de prestígio e renome, esta disputava com a Faculdade de Direito do Largo de São Francisco, em São Paulo. Diversos alunos notáveis haviam sido egressos dessa centenária Instituição. Dentre as suas figuras, destacam-se os expoentes Tobias Barreto e Castro Alves.

---

[1] Graduado em Direito pela UFRGS. Mestre em Direito dos Negócios, pela Faculdade de Direito da UFRGS. É Doutor em Direito Tributário, pela PUC/SP. Professor Titular na PUC/RS, onde compõe o corpo permanente do Mestrado e Doutorado, ministrando a Disciplina de Direito Tributário, e de diversos cursos de Pós-Graduação no País. Autor do livro finalista do Prêmio Jabuti 2009 "Direito Tributário e Análise Econômica do Direito", publicado pela editora Elsevier. Conselheiro do CARF, vice-presidente da Academia Tributária das Américas, Árbitro da lista brasileira do Mercosul. Advogado.

Nessa Instituição surge a famosa *Escola do Recife*. É nesse ambiente fecundo que realiza a sua formação.

Aos 17 anos de idade, publica a sua primeira obra: *A Margem do Direito*, em Pernambuco.

Escreve a sua obra *Ensaio de Psicologia Jurídica* no ano de sua formatura, em 1911. Recebeu o título de Professor *Honoris Causa* na Pontifícia Universidade Católica do Rio Grande do Sul (PUCRS), na Universidade de São Paulo (USP), na Universidade Federal de Alagoas (UFAL) e na Universidade Federal de Santa Maria (UFSM).

Atuou no Tribunal de Apelação do Distrito Federal e, em 16 de setembro de 1946, foi nomeado diplomata, classe N, função a ser exercida no cargo de Embaixador, conforme Decreto-Lei nº 9.876/1946, assinado pelo Presidente Eurico Gaspar Dutra.

Foi premiado duas vezes pela Academia Brasileira de Letras (ABL). Primeiro, em 1921, pelo livro *A sabedoria dos Instintos* (1921), e depois pela obra *Introdução à Sociologia Geral* (1925), pelas quais recebeu o Prêmio Pedro Lessa, na Láurea por Erudição. Tornou-se ocupante da Cadeira 07 da ABL, em eleição realizada em 08 de março de 1979. Essa cadeira teve como patrono ninguém menos que *Castro Alves*, que foi saudado por *Pontes de Miranda* no Discurso de Posse. Candidatara-se três vezes, obtendo sucesso tão somente na terceira tentativa, aos 87 anos. O discurso de recepção foi realizado por *Miguel Reale*. Por ironia do destino, falecerá meses depois de realizado o seu grande desejo de ingressar na Academia dos Imortais. Seguirá, mais do que titulado, para a imortalidade.

Suas contribuições abrangem os mais variados campos do Direito, tais como: Filosofia do Direito, Teoria Geral do Direito, Direito Constitucional, Direito Internacional Público e Privado, Direito Civil e Mercantil, bem como o Direito Processual Civil.

## 2. Obra – Democracia, liberdade, igualdade

*Pontes de Miranda* é conhecido como um grande *jusprivatista*, especialmente em virtude de seu monumental *Tratado de Direito Privado* (1970). Sua predileção pessoal pendia, contudo, para o seu *Tratado das Ações* (1971). Foi um grande processualista. Dentre as suas obras mais importantes, podem-se citar *Comentários ao Código de Processo Civil, de 1939*, em 15 vols. Posteriormente, comentará o Código de Processo Civil, em 1973, em 17 volumes, já aos 81 anos.

Será igualmente conhecido como um internacionalista, com grandes obras sobre o assunto. Escreveu, em 1935, um *Tratado sobre Direito*

*Internacional Privado*, em dois volumes. Participaria como Embaixador na Colômbia, de 1939 a 1940. Foi chefe da Missão Diplomática nos Estados Unidos da América.

Apesar de sua atuação multifacetada, raramente é lembrado como um tributarista. Seria *Pontes de Miranda* um clássico do Direito Tributário? Cremos que sim, mesmo sabendo que não haverá, dentre os seus oito tratados escritos, nenhum sobre o Direito Tributário. Dos 128 livros jurídicos, nenhum tem por objeto específico o fenômeno da tributação. Como ousar incluir esse autor entre os cânones tributaristas? Sua obra desponta pelo seu profundo conhecimento da Constituição. Antes de ser um tributarista, *Pontes de Miranda* é um grande constitucionalista.

Escreverá nada menos que quatro monumentais *Comentários à Constituição de 1934* (02 vols.); *de 1937* (03 vols.); *de 1946* (06 vols.) e *de 1967* (6 vols.). Será pelos estudos constitucionalistas que encontraremos os pilares do sistema constitucional tributário moldado na Constituição de 1946.

Seu texto é pautado pelo estilo direto na abordagem dos conceitos tributários. Esses verbetes e artigos comentados não demonstram a profundidade do sistema pressuposto, nem sua metodologia, nem sua visão científica. Nesse ponto *Pontes de Miranda* foge às explicações repetitivas, aos circunlóquios, mas exige do leitor o conhecimento de outras obras para a completa compreensão de sua obra. O difícil seria escolher qual. São tantas obras importantes, que o próprio ato de escolha já exige um estudo à parte. Dentre essas uma se destaca.

*Pontes de Miranda* lança, em 1944, a obra *Democracia, Liberdade e Igualdade*. A obra é importante por diversos motivos. O primeiro motivo é a sua motivação inédita e de acordo com o seu tempo. É uma obra em defesa dos direitos do homem, das liberdades e da democracia. Note-se que a obra antecede a *Declaração Universal dos Direitos Humanos*, assinada em 10 de dezembro de 1948.

O livro antecede igualmente a Constituição de 1946 e é escrito durante o Estado Novo de Getúlio Vargas, em um período dominado por tentações autoritárias e totalitárias de todos os tipos. Caberia uma investigação profunda sobre as influências de suas visões no emblemático texto constitucional que estava por surgir e ainda nem se fazia por imaginar. Essa iria imortalizar o capítulo referente às limitações constitucionais ao poder de tributar e o modelo de repartição rígida das competências tributárias.

O texto desse livro pretende unir três técnicas distintas: i) assegurar as *liberdades individuais;* ii) *manter a democracia,* e iii) *promover a igualdade com a concretização dos direitos sociais.* Seu propósito é unir o

Clássicos do Direito Tributário

liberalismo, a democracia e a igualdade em um modelo constitucional coerente e integrado. Discorda, o autor, do constitucionalista franco-russo Mirkine-Guetzévitch. Para este, a técnica constitucional teria apenas um objeto e, portanto, uma unicidade no método. O Direito Constitucional seria a técnica da liberdade, tão simplesmente. *Pontes de Miranda* defende, ao contrário, uma pluralidade metodológica. Essas seriam distintas, mas convergentes. Haveria a *técnica* da liberdade, da democracia e da igualdade (MIRANDA, 1944, p. 48).

O seu texto ressalta a importância dos direitos fundamentais. Esses foram historicamente categorizados para protegê-los de sua inclusão em regimes inferiores. Geralmente duas técnicas foram utilizadas para a proteção dos preceitos sobre a liberdade pessoal: incluí-los no texto constitucional e tornar a sua revisão difícil (MIRANDA, 1944, p. 48).

O autor, ainda, ressalta a possibilidade do surgimento do *ius novum* com o fenômeno do desemprego e produção em massa. Assim, sugere, incipientemente, a possibilidade do surgimento de direitos fundamentais sociais.

*Pontes de Miranda* é categórico ao afirmar que *as Constituições precisam ter aparelho de Defesa*. A *técnica de defesa da Constituição* ressalta como um ponto fundamental do texto constitucional. Dois elementos fundamentais serão exigidos. De um lado, a presença de um tribunal constitucional, distinto dos tribunais ordinários. A defesa da Constituição não poderia estar atribuída ao Parlamento. Este, volúvel e frágil historicamente, não tem força para mantê-la.

De outro lado, a *defesa da Constituição* deve realizar-se pela distinção entre textos constitucionais e textos ordinários. O que chamará de *técnica da Constituição mais dura*. Acrescenta que, em determinados casos, existirão artigos ou princípios inalcançáveis pelo legislador competente, para revisar o texto constitucional. Estes serão denominados de *indestrutíveis*. A sua indestrutibilidade é interna, tão somente ao horizonte constitucional instituído. A troca de regime ou uma revolução, por óbvio, riscarão o texto, apagando-o, se quiserem.

A *técnica da rigidez constitucional* sofreu duas evoluções marcantes. De um lado, a evolução das regras de fundo e, de outro, a definição do cerne inalterável. Inicialmente, as Constituições possuíam, essencialmente, regras de forma. Eram *exclusivamente coleções de regras de formas*. A tendência constitucional era de regras de fundo que não podiam ser facilmente alteradas (rigidez de primeiro grau), que somente poderiam ser alteradas por uma revolução ou alteração violenta da ordem constitucional (rigidez de segundo grau) ou se a supraestatalidade permitisse (rigidez de terceiro grau).

Note-se que, antes mesmo da *Declaração Universal dos Direitos Humanos*, o autor já ressaltava a juridicidade da supraestatalidade dos direitos fundamentais.

O *cerne* do texto constitucional estaria na presença simultânea de liberdade, democracia e igualdade. A falta de qualquer uma delas tornaria precário o sistema de direitos fundamentais. Não há como se pensar em rigidez constitucional sem estes três elementos.

A técnica de *conteúdo das normas constitucionais* ressaltará diversos pontos que hão de caracterizar a Constituição de 1946, e mesmo a de 1988. Tais como:

a) supremacia da Constituição;

b) rigidez constitucional;

c) cláusulas pétreas;

d) constitucionalização dos direitos fundamentais supraestatais, contidos em tratados internacionais;

e) aplicabilidade imediata;

f) garantias fundamentais;

g) planificação das ações governamentais com políticas públicas destinadas à promoção do bem-estar social e

h) controle de constitucionalidade das leis.

Três pilares caracterizarão a Teoria Constitucional, de *Pontes de Miranda*: o fortalecimento das Constituições; a consagração dos direitos fundamentais e o equilíbrio entre democracia, liberdade e solidariedade. Em sua concepção, a Constituição é tanto um *sistema de valores* quanto um *sistema lógico-jurídico de direitos subjetivos*.

É desse edifício teórico que seguirão os Comentários ao sistema tributário na Constituição de 1946 e 1967.

*Pontes de Miranda* não se limitará a elucidar a estrutura lógico-valorativa do sistema constitucional: igualmente, definirá temas tão complexos como a definição de imunidade tributária, as espécies de isenções, a distinção entre isenções e imunidades, a classificação binária dos tributos (impostos e taxas), a interpretação tributária *a priori*, nem a favor do contribuinte, nem favor do fisco; o conceito constitucional de renda (MIRANDA, 1987, p. 471), entre tantos outros.

Ele claramente diferenciará a isenção das imunidades. Estas serão consideradas como limitações constitucionais ao poder de tributar, enquanto as isenções encontram-se previstas em lei. Defenderá que todos os tributos assumem a natureza de taxas ou impostos. Assim, as contribuições vinculadas assumem a forma de taxas.

A sua *teoria da incidência das normas*, publicada nos tomos iniciais do Tratado de Direito Privado, fornecerão, durante largo período de tempo, os elementos fundamentais para se compreender a fenomenologia normativa, em seus três planos: existência, validade e eficácia. Será pela distinção entre as espécies de fatos jurídicos que uma geração de juristas compreenderá o fenômeno do lançamento tributário.

Os tributaristas, desde muito, chocavam-se com a imprecisa denominação do *fato gerador* como a classe de fatos produtores de efeitos jurídico-tributários. Afinal, como construir todo um sofisticado arcabouço dogmático com base em um conceito tão ambíguo como esse? Como compreender toda a sequência fenomenológica, nascida com o fato gerador, que faz surgir a obrigação tributária, o crédito tributário, as causas extintivas e suspensivas desses se, na base conceitual, o sistema é construído sobre um termo tão vago?

Para *Pontes de Miranda*, no suporte lógico-dogmático, por meio de sua teoria dos fatos jurídicos, o nebuloso *fato gerador* será cientificamente compreendido como *fato jurídico em sentido estrito de direito público*. Com base nessa teoria, do fato jurídico, configura-se a relação jurídico-tributária, que faz surgir inexoravelmente o liame obrigacional, irradiando direitos e obrigações tributárias.

O lançamento tributário passará a ser entendido como *"atos jurídicos stricto sensu, no direito público"* (MIRANDA, 1971 p. 22).

### 3. Principais ideias

*Pontes de Miranda* defendeu um positivismo sociológico. Aos 30 anos de idade, publicou o *Sistema de Ciência Positiva do Direito* (1922), baseado nos ensinamentos de *Auguste Comte* (1798-1857). Para este, o positivismo possuía duas tarefas: a reorganização da sociedade e a regeneração da ciência.

Sua compreensão partia do pressuposto da natural evolução da espécie humana, cabendo um papel de destaque das Ciências Sociais para compreender esse movimento. Contudo, somente um método rigoroso, aplicado às Ciências Sociais, permitiria alcançar esse objetivo.

O estudo dos fenômenos sociais seria atribuição de uma *física social*, que buscaria compreender as leis invariáveis da vida social. O rigor aplicado deveria ser o mesmo utilizado no estudo dos fenômenos astronômicos, físicos, químicos e fisiológicos.

Não será à toa que a sua obra, premiada pela ALB, seria a *Introdução à Sociologia Geral* (1924). Na obra *Introdução à Política Científica*

(1924), defendeu que os fatos sociais estão sujeitos às leis imutáveis. Caberia ao cientista social o dever de estudar a matéria social, para revelar as leis de estrutura e apontar o sentido da evolução civilizatória. Duas leis serão declaradas: o *princípio da integração e dilatação dos círculos sociais* e o *princípio da progressiva diminuição do quantum despótico* (MIRANDA, 1983, p. 175). Este último defende a ideia de que, progressivamente, haverá a substituição da energia violenta (*quantum despótico*) por energia adaptativa (*civilidade*).

O *positivismo pontiano* não será igual ao pregado por Kelsen. Não haverá um fechamento do Direito aos influxos de outras áreas do conhecimento. Pelo contrário, do jurista se exige o conhecimento da sociedade. Afirmava *Pontes de Miranda* que: "nas portas das escolas de direito devia estar escrito: aqui não entrará quem não for sociólogo. O sociólogo supõe o matemático, o físico, o biólogo. É a flor da cultura" (1983, p. 16). Para este, a ciência positiva do direito é a sistematização dos conhecimentos positivos das relações sociais.

Esse posicionamento científico sofreu influência precoce da *Escola da Livre Investigação*, a qual propugnava que a investigação científica não poderia ficar adstrita ao estudo da lei. O estudo do Direito exigiria um conhecimento da natureza das coisas.

*Pontes de Miranda* defendeu uma sólida epistemologia. Em sua obra *O Problema Fundamental do Conhecimento*, distanciar-se-á do neopositivismo da Escola de Viena (*Schlick, Mach* e *Carnap*). Sua principal discordância estará no relativismo dessa escola perante o conhecimento do objeto. Defendeu uma independência do sujeito perante o conhecido.

Defendeu que o conhecimento não altera o objeto, mas o pensamento (MIRANDA, 2005, p. 212). Os juízos possuem uma coerência com o real. Assim, a linguagem será representativa dessa conexão. Conhecer a norma jurídica é conhecer a correlação entre a normatividade e as relações sociais. Deve-se distinguir a incidência da aplicação da norma jurídica. Aquela é infalível; esta depende de um ato de vontade. Para o autor, a aparência relata algo da essência, de tal modo que o relativismo deve ser afastado.

Resulta dessa postura a independência entre o cognoscente e o conhecido. Para *Pontes de Miranda*, a consciência é condição do conhecimento, mas não a condição da realidade física ou psíquica. É por isso que a identidade do conhecido é decorrente da identidade dos *"jetos"*. Este termo designaria, para o autor, o que há de comum entre sujeito e objeto. Contestava quem excluía o sujeito, ou o objeto, da teoria do conhecimento. A ênfase estava na relação (sujeito-objeto), antes do foco em um dos dois termos dessa relação.

A riqueza da obra de *Pontes de Miranda* merece ser saudada pelos tributaristas. Sua contribuição indiscutível na *Teoria Geral do Direito* e a sua metodologia científica legaram instrumentos ricos para análise dos institutos tributários (lançamento, imunidade e classificação dos tributos). Os seus estudos em Direito Constitucional influenciaram a formação do nosso sistema constitucional tributário. É tendo por base esse sólido corpo teórico que toda uma geração de tributaristas desbravará novos caminhos e proporá novas soluções.

## 4. Referências

- A moral do futuro, ensaio, 1913.
- A sabedoria dos instintos, ensaio, 1921.
- Sistema de ciência positiva do Direito, 4 vols, 1922.
- Introdução à política científica, 1924.
- Introdução à sociologia geral, 1925.
- Os novos direitos do homem, s.d.
- Comentários à Constituição da República dos Estados Unidos do Brasil, 2 vols., 1934.
- Comentários à Constituição de 10 de novembro de 1937, 3 vols.
- Problema Fundamental do Conhecimento, 1937.
- Democracia, Liberdade, Igualdade, 1944.
- Comentários à Constituição de 1946, 6 vols.
- Comentários à Constituição de 1967, 6 vols.
- Comentários ao Código de Processo Civil, 16 vols.
- Tratado das ações, 7 vols.
- Dez anos de pareceres, 10 vols., 1975-77.
- Tratado de Direito Privado, 60 vols., 1970-73.

# — Aliomar Baleeiro (1905-1978) —

## DIEGO GALBINSKI[1]

*Sumário*: 1. Vida; 2. Obra (escola e corrente); 3. Principais ideias (legado e influências); 4. Referências de outras obras do autor.

### 1. Vida

Nascido em 5 de maio de 1905, no Município de Salvador, Estado da Bahia, *Aliomar Baleeiro* era filho de Arnaldo Baleeiro e Maria Isaura de Andrade Baleeiro. Em 1925, bacharelou-se em Ciências Jurídicas e Sociais pela Faculdade de Direito da Universidade da Bahia, onde obteve o título de Doutor em Direito.

No jornalismo, colaborou nos seguintes órgãos de imprensa: Imprensa (1922-1923); A Tarde (1924-1926); Diário da Bahia (Secretário, 1926); Estado da Bahia (Diretor, 1933-1935); Diário de Notícias, da Bahia e do Rio de Janeiro; Correio da Manhã; Diário de Pernambuco; Estado de São Paulo e outros.

Exerceu o cargo de Professor de Regime Aduaneiro Comparado e Política Comercial, na Faculdade de Ciências Econômicas da Universidade da Bahia. Em concurso, por aprovação unânime, obteve o cargo de Professor Catedrático de Ciência das Finanças, na Universidade da Bahia (1942-1946 e 1959-1960), onde lecionou também Direito Administrativo (1943). Igualmente, em concurso, por aprovação unânime, conquistou a cátedra de Ciência das Finanças, na Faculdade

---

[1] Doutor em Direito pela Pontifícia Universidade Católica do Rio Grande do Sul – PUCRS, com estágio de doutoramento no Max-Planck-Institut für Steuerrecht und Öffentliche Finanzen. Professor de Gestão de Tributos Direitos (Imposto de Renda e Contribuição Social sobre Lucro Líquido) do Curso de Graduação em Gestão de Tributos da Faculdade Brasileira de Tributação – FBT. Professor Convidado do Curso de Especialização em Direito Público da PUCRS. Pesquisador do Grupo de Pesquisas Avançadas em Direito Tributário do Programa de Pós-Graduação em Direito da PUCRS. Bolsista da Coordenação de Aperfeiçoamento de Pessoal de Nível Superior – CAPES. Pesquisador visitante do Max-Planck-Institut für Steuerrecht und Öffentliche Finanzen. Mestre em Direito pela PUCRS, com formação complementar em Direito Tributário Internacional pela Westfälische Wilhelms – Universität Münster. Pós-graduado em Direito Tributário pela Universidade Federal do Rio Grande do Sul – UFRGS. Advogado e parecerista.

de Direito da Universidade do Estado da Guanabara (1951), onde foi Professor de Economia Política, no Curso de Doutorado (1957-1958 e 1961-1962). Foi Professor de Direito Financeiro e História Constitucional, na Universidade de Brasília (1967-1973) e Professor Emérito da Universidade do Estado da Guanabara (1972) e da Universidade de Brasília (1976).

Na política, foi Deputado à Constituinte Baiana (1935) e à Assembleia Legislativa da Bahia (1935-1937), sendo um dos Relatores do Projeto da Constituição Baiana de 1935. Deputado Federal à Constituinte de 1946, foi Membro da Grande Comissão e Relator da Subcomissão Financeira e Tributária. Integrou a Câmara Federal, de 1946 a 1958, em 1960 e de 1963 a 1965. Foi Deputado à Constituinte e à Assembleia da Guanabara (1960-1962), onde foi o Relator-Geral da Constituinte (1961).

Exerceu o cargo de Secretário da Fazenda do Estado da Bahia (1959-1960).

Foi delegado do Brasil à Conferência Geral da Unesco (1950).

Foi nomeado Ministro do Supremo Tribunal Federal, em 16 de novembro de 1965, pelo Presidente Castelo Branco. Exerceu a Vice-Presidência do Supremo Tribunal Federal, no período de 10 de fevereiro de 1969 a 10 de fevereiro de 1971, quando foi eleito Presidente, até 9 de fevereiro de 1973.

Foi Membro do Conselho da Ordem dos Advogados do Brasil, Seção da Bahia (1939-1945); Representante da Seção da Bahia no Conselho Federal da Ordem dos Advogados do Brasil; Membro do Instituto dos Advogados da Bahia e do Instituto dos Advogados Brasileiros; *Honorary Lecturer do American Institute for Foreign Trade* (Phoenix); Membro do Instituto Brasileiro de Direito Financeiro, do Instituto Uruguayo, da *National Tax Association, do Instituto de Derecho Financeiro Latino-Americano* e do *Permanent Fiscal Law Comites of Inter-American Bar Association*.

Publicou inúmeros artigos, pareceres, conferências e trabalhos avulsos em revistas especializadas, nacionais e estrangeiras, dentre as quais, destaca-se: Revista Forense, Revista dos Tribunais, Revista de Direito Administrativo, *Revue de Science Financière* (Paris), *Archívio Finanziario* (Roma) e *Estudios del Centro de Derecho Financiero* (Buenos Aires).

Possuía, entre outras, as seguintes condecorações e medalhas: Grã-Cruz da Ordem de Rio Branco; Grã-Cruz da Ordem do Mérito de Brasília; Grã-Cruz da Ordem do Mérito Judiciário Militar; Grã-Cruz do Mérito Aeronáutico; Grã-Cruz do Infante Dom Henrique (Portugal); Ordem de Mayo (Argentina); Ordem O' Higgins (Chile); Ordem Nacional do Mérito Educativo; Colar do Estado da Bahia; medalhas Tomé de Souza (Câmara Municipal de Salvador), Muiz Freire e outras.

Faleceu em 3 de março de 1978, no Município do Rio de Janeiro, Estado do Rio de Janeiro.[2]

## 2. Obra (escola e corrente)

Se fosse possível incluirmos a obra de *Aliomar Baleeiro* em alguma escola do pensamento jurídico, poderíamos dizer que ela se aproximaria mais dos modelos cognitivos e normativos que foram desenvolvidos pela teoria antiformalista do direito tributário.

No âmbito da teoria antiformalista, a obra de *Aliomar Baleeiro* parece se associar mais às ideias da corrente funcionalista, representada pelas contribuições dos juristas italianos de finanças públicas e de direito tributário Oreste Ranelletti (1868-1956), Benvenuto Grizioti (1884-1956) e Dino Jarach (1915-1996).

Esta associação transpareceria, por exemplo, na ênfase dada à função fiscal como critério de justiça tributária. Para *Aliomar Baleeiro*, a atribuição de competência para instituição e cobrança de tributos pressuporia a premissa de que a arrecadação tem necessariamente destino público. O tributo constituiria o meio de repartição dos encargos públicos por toda a sociedade (no sentido da teoria da causa: vantagens decorrentes do serviço público e vinculação do contribuinte ao grupo político).

## 3. Principais ideias (legado e influências)

Em poucas palavras, é impossível para nós retratarmos ou, até mesmo, sintetizarmos as principais ideias de *Aliomar Baleeiro*. São tão numerosas e importantes que levaram, por exemplo, à sistematização dos arts. 150 a 152 da Constituição da República Federativa do Brasil, de 5 de outubro de 1988, sob o título de *Limitações do Poder de Tributar*.[3]

---

[2] Disponível em: <www.stf.gov.br>. Acesso em: 04.01.2016.

[3] "Secão II. Das Limitações do Poder de Tributar. Art. 150. Sem prejuízo de outras garantias asseguradas ao contribuinte, é vedado à União, aos Estados, ao Distrito Federal e aos Municípios: I - exigir ou aumentar tributo sem lei que o estabeleça; II - instituir tratamento desigual entre contribuintes que se encontrem em situação equivalente, proibida qualquer distinção em razão de ocupação profissional ou função por eles exercida, independentemente da denominação jurídica dos rendimentos, títulos ou direitos; III - cobrar tributos: a) em relação a fatos geradores ocorridos antes do início da vigência da lei que os houver instituído ou aumentado; b) no mesmo exercício financeiro em que haja sido publicada a lei que os instituiu ou aumentou; c) antes de decorridos noventa dias da data em que haja sido publicada a lei que os instituiu ou aumentou, observado

Muito à frente do seu tempo, *Aliomar Baleeiro* já equiparara a força normativa dos princípios à das regras com base na ideia da *abertura material dos direitos fundamentais*, a qual dispunha que o catálogo dos direitos, liberdades e garantias fundamentais não excluía outros direitos, liberdades e garantias fundamentais decorrentes do regime e dos princípios constitucionais (Constituição da República Federativa do Brasil, de 24 de janeiro de 1967, na redação da Emenda Constitucional n. 1, de 17 de outubro de 1967, art. 153, § 36;[4] Constituição dos Estados Unidos do Brasil, de 18 de setembro de 1946, art. 144).[5]

---

o disposto na alínea b; (Incluído pela Emenda Constitucional n. 42, de 19.12.2003); IV - utilizar tributo com efeito de confisco; V - estabelecer limitações ao tráfego de pessoas ou bens, por meio de tributos interestaduais ou intermunicipais, ressalvada a cobrança de pedágio pela utilização de vias conservadas pelo Poder Público; VI - instituir impostos sobre: a) patrimônio, renda ou serviços, uns dos outros; b) templos de qualquer culto; c) patrimônio, renda ou serviços dos partidos políticos, inclusive suas fundações, das entidades sindicais dos trabalhadores, das instituições de educação e de assistência social, sem fins lucrativos, atendidos os requisitos da lei; d) livros, jornais, periódicos e o papel destinado a sua impressão. e) fonogramas e videofonogramas musicais produzidos no Brasil contendo obras musicais ou literomusicais de autores brasileiros e/ou obras em geral interpretadas por artistas brasileiros bem como os suportes materiais ou arquivos digitais que os contenham, salvo na etapa de replicação industrial de mídias ópticas de leitura a *laser*. (Incluída pela Emenda Constitucional n. 75, de 15.10.2003) § 1° A vedação do inciso III, *b*, não se aplica aos tributos previstos nos arts. 148, I, 153, I, II, IV e V; e 154, II; e a vedação do inciso III, *c*, não se aplica aos tributos previstos nos arts. 148, I, 153, I, II, III e V; e 154, II, nem à fixação da base de cálculo dos impostos previstos nos arts. 155, III, e 156, I. (Redação dada pela Emenda Constitucional n° 42, de 19.12.2003) § 2° A vedação do inciso VI, *a*, é extensiva às autarquias e às fundações instituídas e mantidas pelo Poder Público, no que se refere ao patrimônio, à renda e aos serviços, vinculados a suas finalidades essenciais ou às delas decorrentes. § 3° As vedações do inciso VI, *a*, e do parágrafo anterior não se aplicam ao patrimônio, à renda e aos serviços, relacionados com exploração de atividades econômicas regidas pelas normas aplicáveis a empreendimentos privados, ou em que haja contraprestação ou pagamento de preços ou tarifas pelo usuário, nem exonera o promitente comprador da obrigação de pagar imposto relativamente ao bem imóvel. § 4° As vedações expressas no inciso VI, alíneas *b* e *c*, compreendem somente o patrimônio, a renda e os serviços, relacionados com as finalidades essenciais das entidades nelas mencionadas. § 5° A lei determinará medidas para que os consumidores sejam esclarecidos acerca dos impostos que incidam sobre mercadorias e serviços. § 6° Qualquer subsídio ou isenção, redução de base de cálculo, concessão de crédito presumido, anistia ou remissão, relativos a impostos, taxas ou contribuições, só poderá ser concedido mediante lei específica, federal, estadual ou municipal, que regule exclusivamente as matérias acima enumeradas ou o correspondente tributo ou contribuição, sem prejuízo do disposto no art. 155, § 2°, XII, *g*. (Redação dada pela Emenda Constitucional n. 3, de 1993) § 7° A lei poderá atribuir a sujeito passivo de obrigação tributária a condição de responsável pelo pagamento de imposto ou contribuição, cujo fato gerador deva ocorrer posteriormente, assegurada a imediata e preferencial restituição da quantia paga, caso não se realize o fato gerador presumido. (Incluído pela Emenda Constitucional n. 3, de 1993). Art. 151. É vedado à União: I - instituir tributo que não seja uniforme em todo o território nacional ou que implique distinção ou preferência em relação a Estado, ao Distrito Federal ou a Município, em detrimento de outro, admitida a concessão de incentivos fiscais destinados a promover o equilíbrio do desenvolvimento sócio-econômico entre as diferentes regiões do País; II - tributar a renda das obrigações da dívida pública dos Estados, do Distrito Federal e dos Municípios, bem como a remuneração e os proventos dos respectivos agentes públicos, em níveis superiores aos que fixar para suas obrigações e para seus agentes; III - instituir isenções de tributos da competência dos Estados, do Distrito Federal ou dos Municípios. Art. 152. É vedado aos Estados, ao Distrito Federal e aos Municípios estabelecer diferença tributária entre bens e serviços, de qualquer natureza, em razão de sua procedência ou destino".

[4] "Art. 153. A Constituição assegura aos brasileiros e aos estrangeiros residentes no País a inviolabilidade dos direitos concernentes à vida, à liberdade, à segurança e à propriedade, nos termos

A título meramente elucidativo, a ideia segundo a qual os direitos fundamentais são materialmente abertos, que serviu de base às construções de direito constitucional tributário de *Aliomar Baleeiro*, foi transplantada do direito constitucional norte-americano. De acordo com a Nona Emenda à Constituição dos Estados Unidos da América (1791), "The enumeration in the Constitution, of certain rights, shall not be construed to deny or disparate others retained by the people".

Visto que o catálogo de direitos, liberdades e garantias fundamentais não excluía outros direitos, liberdades e garantias fundamentais decorrentes do regime e dos princípios constitucionais, *Aliomar Baleeiro* também pioneiramente reconheceu, que os princípios explícitos conviveriam com os princípios implícitos em nosso sistema jurídico.

Por exemplo, na Constituição da República Federativa do Brasil de 24 de janeiro de 1967, na redação da Emenda Constitucional n. 1, de 17 de outubro de 1969, eram tidos por ele como princípios implícitos:

1) *a igualdade de todos perante o fisco*, por decorrência do art. 153, § 1º;[6]

2) *a proibição do confisco por meios fiscais*, por decorrência do art. 153, §§ 11 e 22[7];

3) *a destinação dos impostos a fins públicos*, por decorrência do art. 153, §§ 1º, 11 e 29;[8] e

---

seguintes: (...) § 36. A especificação dos direitos e garantias expressos nesta Constituição não exclui outros direitos e garantias decorrentes do regime e dos princípios que ela adota".

[5] "Art. 144. A especificação, dos direitos e garantias expressas nesta Constituição, não exclui outros direitos e garantias decorrentes dos princípios que ela adota".

[6] "Art. 153. A Constituição assegura aos brasileiros e aos estrangeiros residentes no País a inviolabilidade dos direitos concernentes à vida, à liberdade, à segurança e à propriedade, nos termos seguintes: § 1º Todos são iguais perante a lei, sem distinção de sexo, raça, trabalho, credo religioso e convicções políticas. Será punido pela lei o preconceito de raça".

[7] "Art. 153. A Constituição assegura aos brasileiros e aos estrangeiros residentes no País a inviolabilidade dos direitos concernentes à vida, à liberdade, à segurança e à propriedade, nos termos seguintes: (...) § 11. Não haverá pena de morte, de prisão perpétua, de banimento, ou confisco, salvo nos casos de guerra externa, psicológica adversa, ou revolucionária ou subversiva, nos termos que a lei determinar. Esta disporá, também, sobre o perdimento de bens por danos causados ao erário, ou no caso de enriquecimento ilícito no exercício do cargo, função ou emprego na Administração Pública, direta ou indireta. (...) § 22. É assegurado o direito de propriedade, salvo o caso de desapropriação por necessidade ou utilidade pública ou interesse social, mediante prévia e justa indenização em dinheiro, ressalvado o disposto no artigo 161, facultando-se ao expropriado aceitar o pagamento em título de dívida pública, com cláusula de exata correção monetária. Em caso de perigo público iminente, as autoridades competentes poderão usar da propriedade particular, assegurada ao proprietário indenização ulterior".

[8] "Art. 153. A Constituição assegura aos brasileiros e aos estrangeiros residentes no País a inviolabilidade dos direitos concernentes à vida, à liberdade, à segurança e à propriedade, nos termos seguintes: § 1º Todos são iguais perante a lei, sem distinção de sexo, raça, trabalho, credo religioso e convicções políticas. Será punido pela lei o preconceito de raça. (...) § 11. Não haverá pena de morte, de prisão perpétua, de banimento, ou confisco, salvo nos casos de guerra exter-

4) *a capacidade contributiva*, por decorrência do art. 153, § 1º.[9]

Do total de 4 (quatro) princípios implícitos, 3 (três) foram consagrados explicitamente pela Constituição da República Federativa do Brasil, de 5 de outubro de 1988:

1) *a igualdade tributária* (art. 150, II);[10]

2) *a proibição do confisco* (art. 150, IV);[11] e, por fim,

3) *a capacidade contributiva* (art. 145, § 1º).[12]

## 4. Referências de outras obras do autor

*Aliomar Baleeiro* publicou inúmeros artigos, pareceres, conferências e trabalhos avulsos em revistas especializadas, nacionais e estrangeiras, entre as quais destacam-se: *Revista Forense, Revista dos Tribunais, Revista de Direito Administrativo, Revue de Science Financière* (Paris), *Archívio Finanziario* (Roma) e *Estudios del Centro de Derecho Financiero* (Buenos Aires).[13]

Além disso, publicou os seguintes livros:

1) *Direito dos empregados no comércio*, em colaboração com Luís Viana Filho. Bahia: Almeida & Irmão, 1932.

2) *Imposto sobre a renda*. Bahia: Liv. Baiana, 1939.

---

na, psicológica adversa, ou revolucionária ou subversiva, nos termos que a lei determinar. Esta disporá, também, sobre o perdimento de bens por danos causados ao erário, ou no caso de enriquecimento ilícito no exercício do cargo, função ou emprego na Administração Pública, direta ou indireta. (...) § 29. Nenhum tributo será exigido ou aumentado sem que a lei o estabeleça, nem cobrado, em cada exercício, sem que a lei o houver instituído ou aumentado esteja em vigor antes do início do exercício financeiro, ressalvados a tarifa alfandegária e a de transporte, o imposto sobre produtos industrializados e o imposto lançado por motivo de guerra e demais casos previstos nesta Constituição. "

[9] "Art. 153. A Constituição assegura aos brasileiros e aos estrangeiros residentes no País a inviolabilidade dos direitos concernentes à vida, à liberdade, à segurança e à propriedade, nos termos seguintes: § 1º Todos são iguais perante a lei, sem distinção de sexo, raça, trabalho, credo religioso e convicções políticas. Será punido pela lei o preconceito de raça".

[10] "Art. 150. Sem prejuízo de outras garantias asseguradas ao contribuinte, é vedado à União, aos Estados, ao Distrito Federal e aos Municípios: (...) II - instituir tratamento desigual entre contribuintes que se encontrem em situação equivalente, proibida qualquer distinção em razão de ocupação profissional ou função por eles exercida, independentemente da denominação jurídica dos rendimentos, títulos ou direitos".

[11] "Art. 150. Sem prejuízo de outras garantias asseguradas ao contribuinte, é vedado à União, aos Estados, ao Distrito Federal e aos Municípios: (...) IV - utilizar tributo com efeito de confisco".

[12] "Art. 145. A União, os Estados, o Distrito Federal e os Municípios poderão instituir os seguintes tributos: (...) § 1º Sempre que possível, os impostos terão caráter pessoal e serão graduados segundo a capacidade econômica do contribuinte, facultado à administração tributária, especialmente para conferir efetividade a esses objetivos, identificar, respeitados os direitos individuais e nos termos da lei, o patrimônio, os rendimentos e as atividades econômicas do contribuinte".

[13] Disponível em: <www.stf.gov.br>. Acesso em: 04.01.2016.

3) *A tributação e imunidade da dívida pública.* Bahia: Liv. Baiana, 1939.

4) *Alguns andaimes da Constituição* (documentos parlamentares). Rio de Janeiro: Liv. Principal, 1950.

5) *Limitações constitucionais ao poder de tributar.* 1. ed. Rio de Janeiro: Forense, 1951; 2. ed. Rio de Janeiro: Forense, 1960; 3. ed. Rio de Janeiro: Forense, 1974; 4. ed. Rio de Janeiro: 1977.

6) *Rui, um estadista no Ministério da Fazenda.* 1. ed. Rio de Janeiro: Forense, 1951; 2. ed. Rio de Janeiro: Forense, 1960; 3. ed. Rio de Janeiro: Forense, 1974; 4. ed. Rio de Janeiro: Forense, 1977.

7) *A política e a mocidade* (ensaios). 1. ed. Bahia: Liv. Progresso, 1954; 2. ed. Bahia: Liv. Progresso, 1957.

8) *Clínica fiscal.* Bahia: Liv. Progresso, 1958.

9) *Cinco aulas de finanças e de política fiscal.* 1. ed. Bahia: Liv. Progresso, 1959; 2. ed. São Paulo: Bushatsky, 1975.

10) *O direito tributário da Constituição.* Rio de Janeiro: Edições Financeiras, 1959.

11) *Uma introdução à ciência das finanças.* 1. ed. Rio de Janeiro: Forense, 1955; 2. ed. Rio de Janeiro, 1958; 3. ed. Rio de Janeiro, 1964; 4. ed. Rio de Janeiro, 1968; 5. ed. Rio de Janeiro, 1968; 6. ed. Rio de Janeiro, 1969; 7. ed. Rio de Janeiro, 1971; 8. ed. Rio de Janeiro, 1972; 9. ed. Rio de Janeiro, 1973; 10. ed. Rio de Janeiro, 1974; 11. ed. Rio de Janeiro, 1976; 12. ed. Rio de Janeiro, 1978; 13. ed. Rio de Janeiro, 1981.

12) *O Supremo Tribunal Federal, esse outro desconhecido.* Rio de Janeiro: Forense, 1967.

13) *Direito tributário brasileiro.* 1. ed. Rio de Janeiro: Forense, 1970; 2. ed. Rio de Janeiro, 1970; 3. ed. Rio de Janeiro, 1971; 4. ed. Rio de Janeiro, 1972; 5. ed. Rio de Janeiro, 1973; 6. ed. Rio de Janeiro, 1974; 7. ed. Rio de Janeiro, 1975; 8. ed. Rio de Janeiro, 1976; 9. ed. Rio de Janeiro, 1977.[14]

---

[14] BALEEIRO, Aliomar. *Limitações constitucionais ao poder de tributar.* 8. ed. atualizada por Misabel Abreu Machado. Rio de Janeiro: Forense, 2010, p. XXV.

# — Rubens Gomes de Sousa —

## Compêndio de Legislação Tributária

### JULIANA RODRIGUES RIBAS[1]

*Sumário*: 1. Vida; 2. Obra: Compêndio de Legislação Tributária – Parte Geral; 3. Principais ideias do autor; 4. Referências de outras obras.

## 1. Vida

*Rubens Gomes de Sousa* foi advogado, professor e parecerista e, em todas essas atividades, destacou-se de seus pares e conviveu e colaborou com outros grandes vultos da Doutrina Jurídica brasileira.

Na advocacia, foi o primeiro sócio de Pinheiro Neto em 1964, pertenceu ao grupo que fundou após o escritório Machado, Meyer, Sendacz e Opice Advogados.

No âmbito da docência, foi professor da Faculdade de Ciências Econômicas e Administrativas da Universidade de São Paulo, ministrando a cadeira de *Legislação Tributária* desde 1949. Ainda, foi professor da Escola Livre de Sociologia e Política de São Paulo, primeira instituição a lecionar Direito Tributário em nível de pós-graduação. Lá foi professor de Ruy Barbosa Nogueira em 1948. Como aluno entusiasta, ele incentivou seu mestre a redigir sua obra principal: o *Compêndio de Legislação Tributária*. A relação de amizade dos dois durou mais de trinta anos.

Como parecerista, nunca cobrou das entidades federativas, a fim de manter sua independência para criticá-los.

Na esfera privada, foi marido de Elza Alves de Lima Gomes de Sousa e pai de Regina Gomes de Sousa Berlinck e Eduardo Gomes de Sousa.

---

[1] Advogada. Mestranda em Direito na área de Fundamentos Constitucionais do Direito Público e do Direito Privado da PUCRS.

*Rubens Gomes de Sousa* foi fundador de duas Instituições importantíssimas para a divulgação e produção na área do Direito Público: a Associação Brasileira de Direito Financeiro – ABDF – e o Instituto Brasileiro de Estudos Tributários – IBET.

Em 1949, foi um dos fundadores da ABDF, ao lado de Tito Vieira de Rezende, Fernando Rudge Leite, Paulo Martins, Ruy Barbosa Nogueira, Elmano Martins da Costa Cruz, Carlos Medeiros Silva, Erymá Carneiro, Abelardo da Cunha e Gilberto de Ulhôa Canto. Já em 1971, fundou o IBET ao lado de Antônio Roberto Sampaio Dória e Fábio Fanucchi.

## 2. Obra: Compêndio de Legislação Tributária – Parte Geral

Em 1951, dois anos após o início de sua docência na USP, surge Lei n. 1.401 de 31/07/1951, que une a matéria do Direito Financeiro ao Tributário em disciplina na Faculdade, unindo, assim, os princípios e instituições financeiras aos instrumentos jurídicos adequados. *Rubens Gomes de Sousa* acreditava que pela alteração da disciplina, os professores seriam levados a condensar excessivamente a matéria, dado o tempo útil para lecionar disciplinas muito amplas. Assim, visava evitar que as lições da Parte Geral de Direito Tributário fossem prejudicadas pela falta de tempo para ministrar a cadeira, eis que essenciais para a compreensão da Parte Especial (Legislação Tributária dos Tributos em Espécie).

A proposta do *Compêndio de Legislação Tributária* é a reunião das aulas de *Rubens Gomes de Sousa*, a fim de servir como manual para estudantes de graduação e profissionais não especializados. Principalmente, um roteiro de aula para os professores da nova cadeira de Direito Financeiro e Tributário, intitulada *Elementos de Finanças e de Legislação Tributária e Fiscal*.

Percebe-se uma preocupação com a didática e acessibilidade do livro aos estudantes, traduzida pela utilização de linguagem simples, direta e indicação de bibliografia predominantemente nacional.

Note-se que a divisão que utiliza (Parte Geral e Especial) é a mesma utilizada nos cursos de Direito Tributário hoje, bem como nas cadeiras da Faculdade (Direito Tributário I e II).

A Parte Geral está dividida em dez capítulos: I – Definição e Conteúdo do Direito Tributário; II – Natureza e Relações do Direito Tributário; III – Fontes e Interpretação do Direito Tributário; IV – Conceito e Elementos da Obrigação Tributária; V – Lançamento da Obrigação Tributária; VI – Extinção da Obrigação Tributária; VII – Infrações Tributárias e Penalidades; VIII – Contencioso Tributário; IX – Noções Gerais Sobre as Diversas Espécies de Tributos; e X – Sistema Tributário Brasileiro.

O autor tem foco na relevância da Ciência Tributária, eis que a Legislação positivada reflete a realidade política e deve se sujeitar a uma base de princípios gerais, que permanecerão independentes às alterações legislativas.

## 3. Principais ideias do autor

Os trabalhos de *Rubens Gomes de Sousa* demonstram sua preocupação em tratar o Direito Tributário como Ciência. Por essa razão, a importância da fixação de suas bases metodológicas, como o faz em seu *Compêndio*.

A visão sistemática do Direito Público e do Direito Tributário que *Rubens Gomes de Sousa* esboçava em suas lições é de fácil compreensão e de uma didática invejável. O Professor explicava que a atividade financeira do Estado se divide basicamente em Receitas Públicas, Gestão e Despesa Pública com o condão de realização do Interesse Público. Tal atividade é regida pela política, economia e técnica financeira.

Parte de diferenciações entre Direito Financeiro, Tributário e Fiscal. O Direito Financeiro estuda o ordenamento jurídico das finanças e das relações jurídicas criadas na atividade financeira. Nesse sentido, o Direito Tributário aparece como ramo especializado do Direito Financeiro, dentro do campo da Receita Pública.

Define Direito Tributário como *o ramo do direito público que rege as relações jurídicas entre o Estado e os particulares, decorrentes da atividade financeira do Estado no que se refere à obtenção de receitas que correspondam ao conceito de tributos.*[2]

No momento em que o crédito tributário é adimplido e os valores entram nos cofres públicos, a receita pública auferida já é matéria de Direito Financeiro. São receitas da atividade financeira do Estado: preço quase-privado e preço público (ambos voluntários), taxas, contribuições e impostos. Os três últimos partem da Soberania do Estado, da imposição fiscal. Ou seja, constituem receitas públicas pertinentes ao Direito Tributário.

---

[2] SOUSA, Rubens Gomes de. *Compêndio de Legislação Tributária.* 2ª ed. rev. aum. e atual. Rio de Janeiro: Edições Financeiras, 1954, p. 13.14.

Ainda, a denominação Direito Fiscal seria referente ao Direito Administrativo da organização, poderes e função do fisco. A partir desse ponto, desenvolve a noção de autonomia do Direito Tributário.

Apresenta como fontes primárias do Direito Tributário a Lei, os Decretos, os Decretos-Lei e os Tratados Internacionais. Apresenta como fontes secundárias a jurisprudência, as Instruções Normativas, as Portarias e os Costumes.

Quanto à hermenêutica tributária, defende uma interpretação sistemática teleológica, bem como a possibilidade de utilização de analogia. Observamos nesse ponto, que as concepções de Aliomar Baleeiro, Gilberto Ulhôa Canto e Carlos Rocha Guimarães prevaleceram sobre as do autor, o que resultou na redação do atual artigo 112 do CTN, que veda a utilização de analogia.

Em 1953, o Ministro da Fazenda Oswaldo Aranha designou Comissão Especial composta pelo professor *Rubens Gomes de Sousa* e membros técnicos do Ministério – Afonso Almiro Ribeiro da Costa, Pedro Teixeira Soares Júnior, Gerson Augusto da Silva e Romeu Gibson – para elaborar Projeto de Código Tributário baseado em Anteprojeto idealizado pelo professor anos antes. Esta Comissão trabalhou em conjunto com os colegas do Instituto Brasileiro de Direito Financeiro (hoje ABDF) – Gilberto Ulhôa Canto, Aliomar Baleeiro e Carlos da Rocha Guimarães.

Mais de 1152 sugestões ao Anteprojeto redigido foram recebidas, classificadas e analisadas pela Comissão Especial. Todas as decisões de alteração do Anteprojeto foram realizadas de forma unânime pelos membros da Comissão, que não redigiram votos em separado.

Os redatores optaram por uma estratégia conceitualista dos impostos federais, estaduais e municipais a fim de garantir a eficácia e efetividade das normas. Em outras palavras, preocuparam-se com a aplicação prática do sistema tributário disposto na Constituição e não com a reforma desta.[3] O Projeto de CTN inova por seu caráter Nacional, estendendo sua eficácia aos três níveis da federação através de lei orgânica federal.[4]

Outra peculiaridade do Projeto é a sua preferência pelo Direito Positivo como referencial, como ressaltado pelo Ministro da Fazenda. Cita-se como fontes de Direito Comparado a Constituição de Weimar de 1919, o Código Fiscal do México de 1938, o Código Fiscal da Província de Buenos Aires de 1948, o Código Geral de Impostos da

---

[3] Conforme exposição de motivos do Ministro da Fazenda Dr. Oswaldo Aranha, encaminhando ao Sr. Presidente da República o Projeto do Código Tributário Nacional em 1954.

[4] Concepção delineada por Paulo Barbosa de Campos Filho e citada pelo Prof. Rubens Gomes de Sousa no Relatório do Projeto do CTN.

França de 1949 e o Código de Rendas Internas dos Estados Unidos da América.[5]

## 4. Referências de outras obras do autor

- A Distribuição da Justiça em Matéria Fiscal (1943).
- Lucros Extraordinários e Impôsto de Renda (1944).
- Estudos de Direito Tributário (1950).
- Compêndio de Legislação Tributária (1952).
- Taxation in Brazil (1957).
- A Contribuição de Previdência Social e os Municípios (1973).
- Interpretação no direito tributário (1975).
- Comentários ao Código tributário nacional, parte geral (1975).
- Pareceres 1 – Imposto de Renda (1975).
- Artigos publicados na *Revista de Direito Administrativo*: O Imposto sobre a Renda das Sociedades Estrangeiras; A Coisa Julgada no Direito Tributário; Idéias Gerais sobre os Impostos de Consumo; Notas ao Projeto de Reforma do Imposto de Renda; O Imposto de Consumo na Constituição Federal; Considerações sobre o Tratamento Tributário das Mais-valias Decorrentes de Reavaliações do Ativo; Observações sobre a Regulamentação da Constituição de Melhoria; O Fato Gerador do Imposto de Renda; Reflexões sobre a Reforma da Justiça Fiscal; O Método Indiciário de Lançamento e o Imposto sobre a Renda das Profissões Liberais; Limites dos Poderes do Fisco Quanto à Revisão dos Lançamentos; Natureza dos Dispositivos Legais que Concedem Isenções Tributárias; Majoração de Tributos por Lei Posterior à Autorização Orçamentária; A Retificação das Declarações de Imposto de Renda Viciadas por Erro de Direito; O Princípio Documental no Imposto do Selo.

---

[5] Conforme exposição de motivos do Projeto do Código Tributário Nacional em 1954.

Clássicos do Direito Tributário

# — Alfredo Augusto Becker (1928-1993) —

## Teoria Geral do Direito Tributário

## VEYZON CAMPOS MUNIZ[1]

*Sumário*: 1. Vida; 2. Obra 3. Principais ideias; 4. Referências de obras do autor.

## 1. Vida

É de suma importância ressaltar que, mesmo no contexto de contemporaneidade pelo qual se exige do campo da pesquisa jurídica inovação e internacionalização, é fundamental ao pesquisador investigar a construção história e local de pensamento inserta em sua área de pesquisa científica. Voltar-se apenas para obras recentes e estrangeiras, nesse condão, não atende a ideia de investigação integral, bem como ignora a construção de conhecimento necessária a uma reflexão suficientemente robusta no âmbito jurídico. Assevera-se, assim, que estudar os clássicos como *Teoria Geral do Direito Tributário* oxigena a produção científico-tributária atual e enriquece culturalmente o intérprete jurídico.

O gaúcho *Alfredo Augusto Becker* (1928 – 1993) foi advogado militante no contencioso tributário brasileiro que influenciou e influencia a doutrina jurídica até os presentes dias. Paulo de Barros Carvalho aponta a sua *Teoria Geral* como um de seus livros jurídicos favoritos, por acreditar que, de modo novel e inspirador, *Becker* desenvolveu uma análise da cobrança de impostos pelo prisma da Linguagem e da Filosofia do Direito, provocando uma avaliação qualitativa sobre o

---

[1] Doutorando junto ao Programa de Doutoramento em Direito Público – Estado Social, Constituição e Pobreza da Universidade de Coimbra (Portugal). Mestre em Direito e bacharel em Ciências Jurídicas e Sociais pela PUCRS. Especialista em Direito Tributário pela UNIP e em Direito Público pela UCS/ESMAFE-RS. Professor de Ciência Política e Teoria do Estado das Faculdades Integradas de Taquara – FACCAT.

poder estatal de tributar.[2] Percebe-se, assim e desde logo, o relevo da contribuição de *Becker* à consolidação da pesquisa jurídica já na década de 1960.

O próprio autor compartilha algumas palavras acerca de seu processo criativo que relevam sua impressionante dedicação e afinco no desenvolvimento de seus estudos, senão vejamos:

> De 1958 a 1962, durante 4 anos consecutivos, não gozei férias, nem sábados, nem domingos, nem feriados. Continuei a trabalhar como advogado, porém só na parte da tarde dos dias úteis. Todos os dias e manhãs eu me concentrei no estudo da Teoria Geral do Direito e da Teoria Geral do Estado. Após esses 4 anos, em 1962, com 34 anos de idade, eu entreguei à Editora Saraiva, em São Paulo, um livro de 621 páginas [...] [3]

Com efeito, *Becker* trouxe com sua *Teoria Geral* uma contribuição atemporal para a reflexão sobre as relações jurídico-tributárias. Podemos identificar sua obra como marco gênico à definição do Direito Tributário enquanto ramo de estudo atinente a uma relação jurídica específica.

## 2. Obra

Representativa de uma fase de afirmação, a *Teoria Geral do Direito Tributário* teve como consequência a enunciação do Direito Tributário como tutela jurídica autônoma.[4] *Becker*, nesse sentir, avaliou:

> A finalidade do livro Teoria Geral do Direito Tributário é fazer a cabeça do leitor, a fim de que ele – independente do tempo e lugar – por si mesmo resolva o problema jurídico criado por lei (anterior ou posterior) ao livro. E isso independente do país onde esse leitor for advogado ou juiz.[5]

Escrita antes do estabelecimento do regime ditatorial militar no país, a *Teoria Geral do Direito Tributário* representa um hiato da produção bibliográfico-jurídica do autor, que só vai ser quebrado com o autobiográfico *Carnaval Tributário* (1989).[6] Infere-se, assim, que a reflexão

---

[2] Cf. Entrevista do jurista paulista concedida ao portal Consultor Jurídico, disponível em: <http://www.conjur.com.br/2009-out-21/livro-aberto-livros-vida-tributarista-paulo-barros-carvalho>.

[3] BECKER, Alfredo Augusto. *Carnaval tributário*. 2 ed. São Paulo: LEJUS, 1999, p. 28.

[4] A saber, podemos identificar uma fase pré-autonômica na qual o Direito Tributário estava inserto no programa das Ciências das Finanças ou na análise do Direito Administrativo. E, posteriormente à afirmação, uma fase de aperfeiçoamento com fulcro na concepção atual de superação de dicotomias e da necessidade de uma aproximação do Direito Tributário com a pragmática. O Direito Tributário se encontra em um processo de abertura, resgatando traços de conhecimento gerado na primeira fase, primando pela nucleação material consolidada na segunda e guiando-se pelas demandas realistas da academia contemporânea.

[5] BECKER, op. cit., p. 29.

[6] Confidencia o autor: "[...] *homem pensante está mais presente nos seus escritos que na pessoa física. O homem vive enquanto seu livro fizer com que seja amado*". (BECKER, op. cit., p. 38)

filosófica e a análise crítica do fenômeno tributário como apresentadas nas obras somente poderiam ser elaboradas sob ares democráticos.

## 3. Principais ideias

A *Teoria Geral do Direito Tributário* se apresenta dividida em cinco partes. A primeira parte introduz o leitor no *mundo jurídico-tributário*, a segunda reeduca a *atitude mental jurídico-tributária*, a terceira estuda os fundamentos jurídicos do Direito Tributário, a quarta analisa a estrutura lógica e a atuação dinâmica da regra jurídica tributária, e a quinta investiga a metamorfose jurídica do direito tributário. Podemos ver desde sua apresentação estrutural que o livro é dotado de uma preocupação metodológica notável.

No segmento introdutório da obra, observamos alguns conceitos-chave que se destacam no desenvolvimento epistemológico realizado, quais sejam:

A *noção de Manicômio Jurídico-Tributário*, inspirada na dogmática italiana, referente à situação fática do "caos" normativo vigente (à época e, em muitos aspectos, na contemporaneidade) na sistemática tributária. Explicita-se que, de modo esquizofrênico, as disposições normativas que, em tese, se prestariam a garantir a racionalidade, justiça e socialidade no âmbito da relação jurídico-tributária, de fato, acarretam incompreensão e iniquidades;

A *ideia de demência* enquanto patologia mental que faz o Estado descumprir sua função precípua de gestão de qualidade na esfera pública, o contribuinte se repulsar com a ideia do atendimento da obrigação tributária e os operadores do direito chegarem às beiras da loucura com o cotidiano da prática tributária. Trata-se de uma realidade doentia relevada nas palavras de *Becker*: "Tão defeituosas costumam ser as leis tributárias que o contribuinte nunca está seguro das obrigações a cumprir e necessita manter uma dispendiosa equipe de técnicos especializados para simplesmente saber quais as exigências do Fisco".[7]

Tais conceitos revelam pressupostos tão ousados quanto profundos para o desenvolvimento de uma teoria jurídica densa. Propõe-se um sistema de fundamentos críticos que põem em cheque a obviedade da constatação de que o tributo é (puro e simples) corolário da soberania estatal. A garantia de recursos financeiros pelo Estado a partir

---

[7] BECKER, Alfredo Augusto. *Teoria geral do direito tributário*. São Paulo: Saraiva, 1963, p. 9.

de uma obrigação *ex lege*, nesses termos, não está desassociada do manejo adequado da norma tributária.

Por sua vez, tal manejo se realiza a partir de uma ação (sensibilidade) específica a que o autor denomina de *atitude mental jurídico-tributária*. Assim, *Becker* cumpre o seu desejo de desenvolver um raciocínio jurídico específico e universal.

Outrossim, para defender a autonomia do Direito Tributário em relação ao Direito Financeiro, anuncia-se a necessidade da utilização de instrumento jurídico adequado que não se desvirtue frente a políticas fiscais. É taxativo na defesa de que o estudo simultâneo dos aspectos político, econômico e jurídico não ajudaria o desenvolvimento do Direito Tributário, sendo responsável, inclusive, por equívocos hermenêuticos.

Em verdade, a interpretação do Direito Tributário, defendida por *Becker*, não mostra particularidades frente à interpretação jurídica ordinária (não tributária), conduto, oferece um método próprio, assim estabelecido:

> Ao defrontar-se com a regra jurídica, o seu intérprete deve ter em mente, com extrema nitidez, a estrutura lógica e a atuação dinâmica de toda e qualquer regra jurídica. Isto posto, ele pode dividir a tarefa hermenêutica em quatro momentos:
>
> Primeiro momento: dissecar a estrutura lógica daquela determinada regra jurídica a interpretar. Desta dissecação ele obterá a REGRA (a regra de conduta) e a COMPOSIÇÃO da hipótese de incidência ("fato gerador", suporte fático "fattispecie") específica àquela regra jurídica. É neste primeiro momento que assume capital importância o cânone hermenêutico da totalidade do sistema jurídico que tanto pode revelar a existência da regra jurídica, como pode denunciar a sua inexistência (lei não-válida, sem juridicidade).
>
> Segundo momento: investigar e analisar os fatos jurídicos e não-jurídicos que constituem o problema prático a resolver. Na investigação e análise destes fatos o intérprete vai "pinçando e guardando" unicamente aqueles fatos que são elementos integrantes da hipótese de incidência cuja composição, no primeiro momento, foi prefixada. Depois de analisados e investigados todos aqueles fatos jurídicos e não jurídicos, tomar os fatos "pinçados e guardados" e confrontá-los com a composição da hipótese de incidência cujos fatos integrantes foram preestabelecidos no primeiro momento; se desta confrontação resultar a identificação do conjunto de fatos hipotéticos (hipótese de incidência) com o conjunto de fatos realizados, o intérprete conclui que tem diante de si uma hipótese que deixou de ser hipótese porque se realizou: constatou a realização da hipótese de incidência.
>
> Terceiro momento: diante da hipótese de incidência realizada, o intérprete conclui ter havido a incidência da regra jurídica, por que esta é infalível. Depois de se ter certificado que houve, na verdade, a realização da hipótese de incidência, o intérprete investiga e analisa os efeitos jurídicos (ex.: relação jurídica e seu conteúdo jurídico) resultantes da incidência da regra jurídica. A natureza destes efeitos já era conhecida, pois fora predeterminada pela REGRA (regra de conduta, preceito) quando, no primei-

ro momento, analisou-se a estrutura lógica da regra jurídica; entretanto estes efeitos somente se irradiaram (começaram a ter existência jurídica real) depois da incidência da regra jurídica sobre sua hipótese de incidência realizada.

Quarto momento: o intérprete observa se foram respeitados os efeitos jurídicos que resultaram na incidência da regra jurídica. Neste momento, deve-se distinguir entre infalibilidade da incidência da regra jurídica e respeitabilidade aos efeitos decorrentes desta incidência.[8]

Nota-se que, em atendimento a tal metodologia interpretativa, o operador do Direito Tributário não pode ser autocentrado, ou seja, não pode buscar coerência e integralidade tão somente no ordenamento tributário em sentido estrito (regras tributárias): não deve haver interpretação tributária desconexa do princípio de totalidade sistemática do Direito.[9] A concatenação valorativa proporcionada por esse método permite a enunciação de um Direito Constitucional Tributário, oriundo da perspectiva positivista de *Becker*.[10]

A conceituação do Direito Tributário, ao seu turno, decorre da identificação estrutural de momentos específicos, como podemos observar:

| Momento pré-jurídico | Coleta e análise da realidade, isto é, de fatos físicos, biológicos, psicológicos, econômicos, financeiros, sociais e morais. Diz-se que o fim do Direito não é atingir a realidade, função das ciências pré-jurídicas. |
|---|---|
| Momento jurídico | Análise do fenômeno de criação da regra jurídica, orientação do criador normativo (Estado) sobre ela e praticabilidade da norma jurídica; investigação da estrutura lógica da regra jurídica, constatação da sua atuação dinâmica e esclarecimento dos efeitos jurídicos resultantes dessa atuação. |
| Momento pós-jurídico | Avaliação filosófica da efetividade da imposição tributária, com destaque ao questionamento da justiça proporcionada pela regra jurídica. |

A referida divisão é, ainda hoje, replicada em diversos estudos de Direito Tributário, sendo, inequivocamente, um dos pensamentos mais marcantes e influentes da *Teoria Geral* de *Becker*.

Com efeito, é no *momento jurídico*, a partir das *atividades do jurista*, que se desenvolve o Direito Tributário. Ao tributarista incumbirá: a) a análise do fenômeno da criação da regra jurídica enquanto instrumento de ação social, a fim de orientar o Estado sobre a "arte de moldar" aquele "dado" constatado ou previsto pelas ciências sociais (pré-jurídicas), ao melhor rendimento humano, porque a regra jurídica

---

[8] BECKER, Alfredo Augusto. *Teoria geral do direito tributário*. São Paulo: Saraiva, 1963. p. 104-5.

[9] "Toda norma é, com efeito, parte integrante do sistema jurídico a que pertence". (Ibidem, p. 105)

[10] "[...] o Direito Tributário pode ou não pode fazer certas coisas (não porque é um ramo 'autônomo' do direito), mas pura e simplesmente, porque é direito positivo". (Ibidem, p. 28)

Clássicos do Direito Tributário

somente existe (como jurídica) na medida de sua praticabilidade; e b) a análise da consistência daquele instrumento e o fenômeno de sua atuação, ou seja, a investigação sobre a estrutura lógica da regra jurídica.[11]

O Direito Tributário, nesses termos definido, corresponde ao resultado da aplicação da *Teoria geral* na prática, sendo uma consequência para àquele que se depara com a *demência* e busca uma nova *atitude mental jurídico-tributária*. Reafirma-se a autonomia científica do Direito Tributário, porém pontua-se que ele não é dotado de autonomia material. Na dicção do autor:

> A evolução econômica e social da humanidade dentro do ritmo vertiginoso da aceleração da História, quebrou todos os ramos clássicos do direito, de modo que uma das grandes tarefas do jurista contemporâneo é estabelecer a nova e racional divisão ('autonomia') didática do direito.[12]

No âmbito de tais divisões jurídicas, temos o estudo da "juridicização" (aquisição de sentido jurídico) de relações. *Becker*, assim, apresenta um interessante quadro de análise normativa, balizado pela noção de continuidade e concretização da (abstrata) figura estatal. As regras jurídicas, nesse prisma, se apresentariam como:[13]

*Regra jurídica especificamente tributária*, cuja incidência se dá sobre fato lícito, assegurando continuidade e realização da relação constitucional, condicionando o cidadão no polo negativo dessa relação pela imposição de um dever jurídico (de pagar tributos). O Direito Tributário corresponde, assim, ao sistema de regras jurídicas que disciplinam esse dever fundamental;

*Regra jurídica especificamente administrativa*, cuja incidência se dá sobre fato lícito, assegurando continuidade e realização da relação constitucional, condicionando o cidadão no polo positivo da relação pela outorga de um direito jurídico (de probidade administrativa). O Direito Administrativo corresponde, assim, ao sistema de regras jurídicas que disciplinam esse direito;

*Regra jurídica especificamente constitucional*, cuja incidência se dá sobre a própria relação constitucional, transfigurando-a como regra jurídica. O Direito Constitucional apresenta-se, nesses termos, como um sistema de conjugação normativa, que integra os deveres tributários e os direitos administrativos, estabelecendo uma única e contínua relação jurídica.

Cumpre referir que os deveres tributários têm como correlativos direitos administrativos, todavia, sob a perspectiva relacional, tal

---

[11] BECKER, Alfredo Augusto. *Teoria geral do direito tributário*. São Paulo: Saraiva, 1963, p. 24.

[12] Ibidem, p. 32.

[13] Ibidem, p. 233 e ss.

correlação é meramente didática. Não se trata de uma reação de *causa-efeito* ou *cumprimento-contraprestação*, pela dicção da obra o cidadão não tem tais direitos (administrativos) porque atendeu seus deveres (tributários).

A *Teoria Geral* proposta indica a observância a efeitos jurídicos que decorrem do conteúdo da relação constitucional, constituindo-se a relação jurídica tributária como efeito da incidência da regra jurídica sobre uma hipótese de incidência realizada da seguinte forma:

| Regra jurídica constitucional incidente sobre fato lícito ||
|---|---|
| Polo positivo (+) | Polo negativo (−) |
| Sujeito ativo | Sujeito passivo |
| Estado (órgão estatal competente) | Cidadão (qualquer pessoa) |
| Direito a obter uma prestação | Dever de efetuar uma prestação |

Para *Becker*, o tributo é o objeto da prestação que o cidadão entrega ao Estado. A hipótese de incidência (sinônimo de fato gerador), ao seu turno, é qualquer fato lícito ou conjunto de fatos lícitos que enseja essa prestação. Salienta-se que sempre haverá um fato nuclear (percebendo-se os demais fatos como elementos adjetivos), escolhido como base de cálculo.[14]

O contribuinte é tido como devedor do tributo, independentemente da aplicação, direita ou indireta, do produto da destinação do montante arrecadado pelo Estado. Tem-se a incidência tributária como involuntária, sendo resultado direto e automático do enquadramento de um fato a uma hipótese normativa, que desencadeia os efeitos previstos na regra jurídica.[15]

O poder tributário é pura e simplesmente uma manifestação do poder do sujeito ativo (órgão estatal dotado de função executiva, possuidor de competência e personalidade jurídica) pela qual a estrutura

---

[14] Nessa perspectiva, a base de cálculo confere a natureza jurídica ao tributo. *Becker* indica que a consistência material do tributo corresponde a sua prestação em dinheiro, coisa (prestação *in natura*) ou serviço (prestação *em labore*). Distinguindo sua consistência jurídica, isto é, a indicação da base de cálculo (núcleo da hipótese de incidência) como o único critério objetivo e jurídico que permite aferir a natureza jurídica de cada tributo. A saber, a proporção e a progressividade da base de cálculo, sob esse prisma, não alteram sua natureza (observando-se a regra jurídica constitucional).

[15] "Costuma-se dizer que a incidência é o resultado do automático e infalível enquadramento de um fato a uma hipótese normativa (subsunção), que desencadeia as consequências previstas na regra jurídica. Esta é a posição, dentre outros, de Pontes de Miranda e Alfredo Augusto Becker". (CARRAZZA, Roque Antônio. *Reflexões sobre a obrigação tributária*. São Paulo: Noeses, 2010, p. 29)

lógica da hipótese de incidência da regra jurídica não considera a vontade do sujeito passivo (subordinado à liberdade do legislador na escolha pública, observadas limitações de capacidade contributiva).

O Direito Tributário condiciona tal relação interpessoal aos pressupostos: (a) da personalidade jurídica do sujeito ativo; (b) da não confusão entre os sujeitos ativo e passivo; (c) da competência do órgão público criador da regra jurídico-tributária; e (d) da não antinomia (contradição) da regra jurídico-tributária com a totalidade do sistema jurídico.

Esse conjunto de construções teóricas se constituiu em verdadeiro marco para a pesquisa científica do Direito Tributário no Brasil. *Becker*, com sua *Teoria Geral*, pautou a agenda de estudos tributários por anos, sob a égide do positivismo, notadamente, com vista a trazer segurança jurídica às relações estabelecidas entre o Estado e o contribuinte.

A defesa da praticabilidade das regras tributárias, a partir da análise da sua utilização, permitiu ao autor afirmar: "O direito positivo não é uma realidade metafísica existindo em si e por si; a regra jurídica não é um fim em si mesmo, mas um instrumento de convivência social".[16] Desse modo, a obra de *Becker* possibilitou (e segue possibilitando) o exercício de densa reflexão sobre o poder estatal de tributar, suas limitações positivas e sobre a base axiológica que o fundamenta.

Assevera-se que dar visibilidade a situações-problemas e apresentar soluções práticas é o grande objetivo do desenvolvimento científico, todavia, poucos cientistas do Direito conseguem, com rigor e competência, atingi-lo. A *Teoria Geral* de *Becker* é, por conseguinte, exemplificativo contributo à busca de um novo *estado de consciência*[17] no Direito Tributário.

## 4. Referências de obras do autor

- *Carnaval tributário*. 2ª ed. São Paulo: LEJUS, 1999.
- *Teoria geral do direito tributário*. 1ª ed. São Paulo: Saraiva, 1963.

---

[16] BECKER, Alfredo Augusto. *Teoria geral do direito tributário*. São Paulo: Saraiva, 1963, p. 65.

[17] "Inumerável a variedade de evoluções que sofre historicamente todo o agrupamento humano até que possa atingir a consciência de si e com tal consciência elevar-se ao nível de sociedade (Ser Social). Entretanto, necessariamente sempre há de ocorrer, mais cedo ou mais tarde, o momento em que o agregado humano deverá, sob pena de dissolver-se, tomar consciência do finalismo que o unifica e dos meios para, conservando-se úmido, realizar seu objetivo social. É o momento em que a *sociedade estado de fato* se transfigura em *sociedade estado de consciência*". (BECKER, Alfredo Augusto. *Teoria geral do direito tributário*. São Paulo: Saraiva, 1963, p. 179)

# — Ruy Barbosa Nogueira (1919-2003) —

## Da Interpretação e Aplicação das Leis Tributárias

## EDUARDO LUÍS KRONBAUER[1]

*Sumário*: 1. Vida do autor; 2. Obra – Da interpretação e da aplicação das leis tributárias; 2.1. O estudo sistemático do Direito Tributário e a importância dos princípios; 2.2. Sistema tributário e interpretação no Direito alemão – Interpretação Econômica do Direito Tributário; 2.3. Princípio da legalidade; 2.4. Fato gerador; 2.5. Interpretação; 3. Principais ideias do autor; 4. Obras publicadas.

### 1. Vida do autor

*Ruy Barbosa Nogueira* nasceu em Jardinópolis/SP, no dia 19 de setembro de 1919. Ingressou na Faculdade de Direito da Universidade de São Paulo em 1941, vindo a obter o grau de bacharel no ano de 1945. Foi um jurista e financista de grande renome, integrando o quadro de doutrinadores que deram início ao estudo do Direito Tributário no Brasil. Desde 1954, esteve na regência da cadeira de Ciência das Finanças da USP, em substituição ao professor Carvalho Pinto.

Escrevia sobre questões tributárias desde os tempos de estudante da Graduação. Em 1954, inaugurou o primeiro curso curricular de Direito Tributário em Faculdade de Direito no Brasil.

Importante destacar que o autor, a partir do seu ingresso nos meios acadêmico e profissional, vivenciou um período de instabilidades econômicas e políticas no País, o que influenciou seus estudos e posicionamentos. À época de sua Graduação em Direito, presenciou os momentos finais do primeiro governo de Getúlio Vargas, marcado

---

[1] Mestrando em Direito, pela Pontifícia Universidade Católica do Rio Grande do Sul – PUC/RS. Pós-Graduado em Direito Tributário, pela PUC/RS. Instituto de Estudos Tributários – IET/RS. Parecerista da Revista de Direito Econômico e Socioambiental da PUC/PR. Advogado. Membro do Grupo Avançado de Estudos Tributários – GTAX.

pela centralização do poder no Governo Federal[2] e pelo autoritarismo do Estado.

Subsequentemente ao ano de Graduação de *Barbosa Nogueira*, destaca-se a promulgação da Constituição Federal de 1946, que afastava a Carta de 1937, optando pelo figurino liberal democrático. Tratou de direitos individuais, pondo fim à censura, e definiu o Brasil como uma República federativa, estabelecendo atribuições da União, dos Estados e dos Municípios, bem como concedendo a independência dos Poderes Legislativo, Executivo e Judiciário.[3]

Outro marco importante, ocorrido durante a trajetória acadêmica do autor, foi a Emenda Constitucional nº 18, de 1965; esta tratou de reformar o Sistema Tributário Nacional, fixando as bases que o sustentam até hoje. Somando-se esse acontecimento à elaboração do Código Tributário Nacional, em 1966, tornou-se possível a divisão dos impostos, conforme sua natureza, nas seguintes categorias: *sobre o comércio exterior; sobre o patrimônio e a renda; sobre a produção e circulação e especiais.*[4]

Em 1967, registra-se a promulgação de uma nova Constituição Federal; esta instituiu o Regime Militar, caracterizado pelo Governo Autoritário com fundamento na Segurança Nacional. Em 1969, foi publicada a Emenda Constitucional 1, que alterou o texto da Constituição para justificar atos que limitavam os direitos e liberdades individuais. Contudo, os textos da Constituição e da referida Emenda, não alteraram as normas referentes ao Sistema Tributário.

*Ruy Barbosa* alcançou a livre-docência de Direito Financeiro na USP, no ano de 1963, defendendo a tese "Da Interpretação e da Aplicação das Leis Tributárias", e, em 1965, com a tese "Teoria do Lançamento Tributário", conquistou a cátedra em Direito Tributário. Fundou o Instituto Brasileiro de Direito Tributário – IBDT – e foi cofundador, juntamente com o Professor Gilberto de Ulhôa Canto, do Instituto Brasileiro de Direito Financeiro – IBDF.

Dirigiu a Faculdade de Direito da Universidade de São Paulo, de 1974 a 1978, além de ter presidido a Comissão de Legislação e Recursos daquela Instituição. Foi professor de Direito Tributário Comparado, no curso de Pós-Graduação, e presidente do Instituto Brasileiro de Direito Tributário. Advogado militante por mais de 40 anos.[5]

---

[2] FAUSTO, Boris. *História do Brasil*. 2. ed. São Paulo: Editora da Universidade de São Paulo, 1995. p. 333.

[3] Idem, p. 399 -340.

[4] SCHOUERI, Luís Eduardo. *Direito Tributário*. 3 ed. – São Paulo/SP: Saraiva, 2013. p. 255.

[5] Informações extraídas do endereço: <http://www.direito.usp.br/faculdade/diretores/index_faculdade_diretor_31.php>.

## 2. Obra - Da interpretação e da aplicação das leis tributárias

### 2.1. O estudo sistemático do Direito Tributário e a importância dos princípios

Na introdução da obra estudada, o autor faz referências à importância dos princípios que estruturam o Direito Tributário. *Barbosa Nogueira* denotava, a exemplo de grande parte dos doutrinadores do Direito Tributário de sua época, uma grande influência das doutrinas estrangeiras, principalmente alemã e italiana. Em virtude disso, via uma certa autonomia do Direito Tributário em relação a outras matérias, fazendo referência à necessidade de que o estudo se desse de forma sistemática. Considerava que o exame das normas tributárias deveria partir da divisão referida por Dino Jarach, doutrinador italiano radicado na Argentina, que segregava o Direito Tributário em: constitucional; material ou substantivo; formal ou administrativo; penal; processual; e internacional.[6] Nesse sentido, na obra, cita uma passagem do referido autor ítalo-argentino:

> Os critérios gerais que determinam a maneira e os limites das pretensões tributárias estão disciplinados por um conjunto de normas jurídicas, lógica e estruturalmente anterior ao Direito Tributário material e ao formal, que constitui o chamado Direito Tributário Constitucional.[7]

> Corroborando com o que sustenta sobre as concepções do autor, acerca da necessidade do estudo do Direito Tributário de forma sistemática, ressalta-se o posicionamento expresso em diversas passagens de sua obra (objeto da *presente* análise):

> O Direito Tributário, que possui princípios e institutos próprios, constitui, hoje, sem dúvida, um sistema ou um ramo científico autônomo, quer pela forma ou método, como pelo conteúdo".

> "Sistema é uma unidade articulada e exauriente. Tratar sistematicamente uma matéria equivale a penetrar em sua *essência* por meio de um método fixo, observadas três características: 1ª Tomar quantas particularidades se apresentem, como partes de um todo condicionado por um ponto de vista unitário; 2ª Estabelecer a devida relação hierárquica entre as diferentes partes; 3ª Ordená-las de modo que possam abarcar todas as possibilidades concebíveis.[8]

---

[6] "(...) a análise das relações jurídicas originadas pelo fenômeno financeiro do tributo exige, para a inteligência dos institutos, o conteúdo e alcance dos direitos e obrigações, para a distinção das infrações segundo a importância e o caráter dos deveres jurídicos violados, e, em suma, para o conhecimento do científico da matéria, uma classificação das relações jurídicas de acordo com sua colocação no direito; subdivide-se, pois, o Direito Tributário em: Direito Tributário constitucional; Direito Tributário Material ou substantivo; Direito Tributário formal ou administrativo; Direito Tributário penal; Direito Tributário processual e processual penal; Direito Tributário internacional". (JARACH, Dino. *O fato imponível. Teoria geral do direito tributário substantivo*. 3.ª ed., trad. Dejalma de Campos - Abeledo Perrot: Buenos Aires, 1982 – p. 18/19)

[7] NOGUEIRA, Ruy Barbosa. *Da interpretação e da aplicação das leis tributárias*. p. 3-4.

[8] Idem, p. 4/6; Acerca do estudo sistemático, cita Rudolf Stammler.

---

Clássicos do Direito Tributário

Pode-se dizer que, na aplicação e interpretação das leis tributárias, atualmente, utilizamos esse método, constantemente, na medida em que buscamos analisar a legislação tributária com base em um sistema hierárquico de normas, desde as competências definidas pela Constituição até as disposições em âmbito administrativo.

Sobre a estrutura das disposições legais, que ditam regras de interpretação e das normas que extraímos do texto, o autor reconhece a existência de regras que podem ter uma validade universal e aplicação padronizada; entretanto, aponta a existência de regras interpretativas que decorrem da natureza individual das relações da sociedade e têm conexão com um campo específico do Direito e, portanto, não são mais consideradas pela sua formalidade, mas pelo seu conteúdo substancial:

> Há, de fato, de um lado, regras de interpretação ditadas pelo legislador ou elaboradas pela doutrina, que possuem uma validade universal porque dimanam dos caracteres gerais da norma jurídica, encontrando, portanto, aplicação em todos os campos do direito. Outras normas de hermenêutica resultam, ao contrário, da diversa natureza das relações da vida social reguladas pelos ramos científicos do direito, e valem tão somente para certas espécies de leis, não servindo a leis de índole diferente. Neste caso, a norma, como observa Rocco, *não é mais considerada segundo as suas características formais, mas ao contrário, encarada com o seu conteúdo substancial. O interprete, com efeito, deve levar em conta a natureza particular das relações reguladas e as características comuns, que delas decorrem, para as normas pertencentes ao ramo do direito de que se trata, se quiser atingir um entendimento do verdadeiro alcance da norma.*[9]

Destarte, para *Barbosa Nogueira*, o Direito Tributário é autônomo; todavia, não pode se desvincular, de forma completa, dos demais ramos jurídicos. Há certos problemas do Direito que somente podem ser solucionados com a "colaboração ou a interpenetração dos ramos, são pontos ligados que exigem solução jurídica integral dentro do campo do Direito".[10]

### 2.2. Sistema tributário e interpretação no Direito alemão – Interpretação Econômica do Direito Tributário

*Barbosa Nogueira* teve grande influência de doutrinadores alemães. Buscou analisar o Sistema Tributário alemão com o objetivo de verificar sua compatibilidade com o Direito Tributário nacional. O sistema alemão foi muito influenciado pela chamada Interpretação

---

[9] NOGUEIRA, Ruy Barbosa. *Da interpretação e da aplicação das leis tributárias.* p. 6-7.
[10] Idem, p.50.

Econômica do Direito, tendo origem na teoria do jurista Enno Becker.[11] Em sua obra, aponta *Barbosa Nogueira*:

> Num sistema tributário como o da Alemanha, em que o próprio texto legislativo autoriza ao intérprete a pesquisa do entendimento corrente, do escopo, do significado econômico e do desenvolvimento das relações, não só na aplicação do texto das leis tributárias como na apreciação dos fatos sobre que incide a tributação, a interpretação está menos vinculada ao texto da lei tributária.[12]

Nesse sentido, entendia que a Constituição do Brasil (1946) reconhecia a natureza econômica das leis tributárias, traduzida no Princípio da Capacidade Contributiva. Afirmava, ainda, que a norma que submete os tributos à capacidade econômica dos indivíduos indica o caráter de justiça social da tributação.[13] Concluiu, assim, que o sistema alemão *não* se caracterizava pela limitação da interpretação ao texto normativo, mas pelo avanço dos meios interpretativos a finalidades econômicas das normas tributárias:

> (...) no sistema alemão, a própria lei admite a interpretação fora do texto, com pesquisa da concepção corrente, do escopo, do significado econômico e do desenvolvimento das relações, chegando a admitir que as lacunas da lei tributária poderão ser preenchidas pelo intérprete, tendo mesmo a doutrina e a jurisprudência chegado à criação da "teoria dos tipos.[14]

Entretanto, percebia os riscos e apontava a impossibilidade de aplicação desse formato de interpretação no Sistema Tributário Nacional, em virtude do Princípio da Legalidade, considerando que a concepção econômica seria função, em maior parte, do legislador.[15]

### 2.3. Princípio da legalidade

Como referido, apesar da importância atribuída à influência das concepções econômicas sobre o Direito Tributário, caracterizado principalmente no Princípio da Capacidade Contributiva, *Barbosa No-*

---

[11] CALIENDO, Paulo Antônio. *Direito tributário e análise econômica do direito.* Rio de Janeiro: Elsevier, 2009. p. 251/252: "A denominada análise econômica do direito tributário surge com Enno Becker e a redação do §4º do Código Tributário alemão (Reichsabgabennordung – RAO), esse dispositivo era a aplicação do art. 134 da Constituição de Weimar, que estabelecia o princípio da capacidade contributiva (wirtschaftliche Leistungsfahigkeit)".

[12] NOGUEIRA, Ruy Barbosa. *Da interpretação e da aplicação das leis tributárias.* p. 87.

[13] Idem, p. 26.

[14] Idem, p. 91.

[15] Idem, ibidem: "Em nosso país, além de o princípio da estrita legalidade não admitir essa evasão do texto tributário, a consideração econômica é mais função do legislador que do intérprete. Entre nós, em decorrência dos princípios constitucionais, a nosso ver, devemos utilizar os processos de interpretação que conduzem à 'tipicidade tributária', pois ela que melhor garante o Direito e, portanto, mais fiel vinculação ao texto tributário (...)".

*gueira* faz importantes ressalvas, apontando para a necessidade da observância da legalidade nas imposições tributárias:

> Antes de ter entrado para o Direito Público a concepção do Estado de Direito (*Rechtstaat*), a imposição tributária decorria do poder de fato do soberano, manifestava-se na tributação uma simples relação de poder (*Gewaltverhatnis*) e não se podia falar da existência de um Direito Tributário. (...) Mas, desde o momento em que o Estado foi submetido ao Direito, surgindo a concepção do Estado de Direito, o tributo transformou-se em uma relação jurídica (*Rechtverhaltnis*), pois o tributo só passou ter existência quando legislado e portanto somente nos termos do direito objetivo.[16]

Ou seja, apesar de sua pendência às influências econômicas no Direito Tributário, contrariando as correntes estruturalistas que viam, no Direito, a impossibilidade de discussões que transcendessem questões envolvendo a estrutura normativa, o autor alertava que a tributação *é definida pela lei*, sendo que o *contribuinte deve o imposto porque a lei o ordena*, e a fiscalização não possui competência para a imposição de tributos fora do que a lei lhe outorga.[17]

## 2.4. Fato gerador

Seguindo o raciocínio do exposto até aqui, a lei é que definirá as hipóteses que, manifestadas no âmbito dos fatos concretos, suportarão a imposição tributária. Nesse sentido, o autor define essa hipótese descrita na lei como *fato gerador:*

> O "fato gerador do imposto" (o "fait générateur d'impôt" dos franceses; a "fattispecie d'imposta" dos italianos; o "hecho impnible" dos castelhanos ou o "Steuertatbestand" dos alemães) segundo a definição já clássica de HENSEL, é "a totalidade dos pressupostos abstratos contidos nas leis materiais tributárias, cuja ocorrência (realização do fato gerador) deve produzir determinados efeitos jurídicos".

> (...) Logo, não basta para atender ao princípio de legalidade que apenas teoricamente exista a lei, mas que a tributação seja efetivada em conformidade com o fato gerador tal como descrito na lei material, sem o que não estará sendo cumprida a vontade da lei, ou melhor, a autoridade administrativa estará substituindo a lei, o que é defeso. Neste sentido cita KRUSE mais um importante acórdão do Tribunal Federal Constitucional que, traduzido, declara:

> "Manda o princípio do Estado de direito que o próprio legislador delimite a esfera jurídica sujeita a possibilidade de intervenção estatal e não a deixe ao critério das autoridades administrativas" (...).[18]

Importante destacar que a tradução equivocada da palavra *Tatbestand* (fato típico) levou a doutrina a considerar a Teoria dos Tipos alemã como uma tipicidade fechada, sendo o tipo um conceito

---

[16] NOGUEIRA, Ruy Barbosa. *Da interpretação e da aplicação das leis tributárias*, p. 94/95.

[17] Idem, ibidem.

[18] Idem, p. 100-102.

fechado, determinado e classificatório. Ademais, a palavra *Tatbestand* melhor se traduziria como ato ou fato permanente ou constante, não sendo exatamente o *fato gerador* que conhecemos na doutrina atual. Identifica-se mais como a *hipótese de incidência* definida na legislação tributária.

Desse modo, o *fato gerador* caracteriza-se como a concretização da hipótese ou fato imponível, estabelecido em lei. (Ex. Imposto sobre a renda: H.I.: auferir renda; FG: Momento em que a pessoa física ou jurídica apura seus ganhos ao final do exercício). Contudo, o autor, mesmo utilizando-se do termo fato gerador, para definir a hipótese de incidência, refere que existe a *categorização hipotética do fato* definida e descrita pela lei:

> A lei escrita, para expressar o direito, em primeiro lugar categoriza hipoteticamente o fato.
>
> Se o fato abstratamente descrito se realizar em concreto, surge uma relação de identidade a que chamamos de relação jurídica, porque é uma relação ou ligação "fato concreto" ao "fato legal", produzindo o fato jurídico, jurígeno ou "fato gerador".[19]

Sendo assim, a hipótese prevista na norma é que definirá o fato que poderá ser objeto de tributação por parte da Administração Pública, sendo que a relação jurídica tributária (sujeição ativa e sujeição passiva) surgirá com a concretização dessa hipótese anteriormente prevista em lei, i.e., quando da ocorrência do *fato gerador*.

## 2.5. Interpretação

No que condiz à interpretação, o autor destacava a importância na observação dos princípios e limites constitucionais. Referia que há, além das limitações definidas expressamente na Constituição (Legalidade, Anterioridade, Imunidades) disposições também implícitas como, por exemplo, a vedação da tributação que acarrete restrição da liberdade de iniciativa, ou impeça o trabalho (preceitos ligados a garantias fundamentais).[20] Na perspectiva atual, trabalha-se com o conceito de mínimo existencial.[21]

---

[19] NOGUEIRA, Ruy Barbosa. *Da interpretação e da aplicação das leis tributárias*, p. 122.

[20] Idem, p. 29/30.

[21] *"Inobstante possamos, desde já, constatar que a formulação do enunciado abrange, especialmente após a incorporação expressa de um direito à moradia ao artigo 6º de nossa Constituição, pelo menos cinco direitos fundamentais sociais expressa e distintamente consagrados em nossa Constituição (salário mínimo, assistência social, previdência social, saúde e moradia), verificar-se-á também que uma abordagem conjunta não nos parece descabida, já que, além de servir a propósitos didáticos, encontra sua justificativa na finalidade comum (...) destes direitos, qual seja, a de assegurar ao indivíduo, mediante a prestação de recursos materiais essenciais, uma existência digna (...). Aliás, também não é sem razão que se impõe, neste contexto, uma alusão a um exemplo extraído da práxis doutrinária e jurisprudencial alemã, que, inobstante a inexistência, na Constituição, de qualquer um dos três direitos fundamentais referidos, reconheceu*

Na obra, o autor aponta duas espécies de interpretação, além da usual interpretação literal:[22]

**Extensiva**: É uma apreciação do campo legal, que utiliza elementos de raciocínio para demonstrar que a lei alcança o fato, embora o texto não o indique com precisão. Ex: Imunidade sobre livros eletrônicos.

**Analógica:** A situação de direito é clara, mas a de fato obscura (...) o texto descreve com clareza uma situação de fato e o intérprete pretende aplicá-lo a outra situação de fato, por ser análoga à descrita pelo texto. Ex: A aplicação de uma determinada alíquota, prevista em pauta fiscal, a uma determinada mercadoria não definida de forma exata.

*Barbosa Nogueira* tomou o cuidado de ressaltar que a analogia não pode impor a tributação de um fato não previsto na hipótese de incidência. Também não é válida qualquer ampliação da incidência (base de cálculo ou alíquota). Nesse sentido, já referia o autor:

(...) é possível a aplicação analógica no campo formal ou em relação ao formalismo, aos procedimentos de aplicação da lei, mas nunca em relação às normas substantivas, criadoras, modificadoras ou extintivas de obrigações fiscais.[23]

Com segurança, é possível dizer que as ideias de *Barbosa Nogueira*, a despeito de terem sido proferidas há mais de 50 anos, bem como demandarem algumas ressalvas, repercutem atualmente e podem ser consideradas de extrema importância para a análise do Direito Tributário. O estudo e a aplicação do Direito devem considerar o necessário equilíbrio entre apontamentos teóricos e a prática, sempre observando que, como expressamente referido na introdução de seu livro Curso de Direito Tributário, *"a finalidade fundamental do Estado* (o que se estende à tutela jurisdicional) *é a realização do bem geral, também chamado de bem comum* (...)".[24]

---

– com base numa construção hermenêutica – a existência de um direito fundamental subjetivo não-escrito à garantia dos recursos materiais mínimos necessários para uma existência digna (...)" (SARLET, Ingo Wolfang. *A eficácia dos direitos fundamentais*. 12ª ed. Porto Alegre: Livraria do Advogado, 2009, p. 330).

[22] CTN: Art. 108. Na ausência de disposição expressa, a autoridade competente para aplicar a legislação tributária utilizará sucessivamente, na ordem indicada: I - a analogia; II - os princípios gerais de direito tributário; III - os princípios gerais de direito público; IV - a eqüidade. § 1º O emprego da analogia não poderá resultar na exigência de tributo não previsto em lei. § 2º O emprego da eqüidade não poderá resultar na dispensa do pagamento de tributo devido.

[23] NOGUEIRA, Ruy Barbosa. *Da interpretação e da aplicação das leis tributárias*. p. 112.

[24] "(...) a finalidade fundamental do Estado é a realização do bem geral, também chamado de bem comum. A noção de bem comum é imensamente complexa porque além dos interesses da massa de indivíduos nem todos interesses são idênticos, semelhantes, mas até muitas vezes conflitantes, compreendendo ainda não somente interesses dos habitantes atuais, mas de gerações futuras. Para a realização desse bem comum que é um desideratum, que envolve qualidades de argúcia, de percepção, de prudência, de previsão dos dirigentes, tem o Estado de desenvolver atividades múltiplas que no conjunto se chamam atividade estatal: é o esforço do Estado nas realizações de seus fins". (NOGUEIRA, Ruy Barbosa. *Curso de direito tributário*. 5 ed. São Paulo: Saraiva, 1980 – p. 1 – Introdução)

# 3. Principais ideias do autor

Dessa forma, para esse autor, o método para o estudo do Direito Tributário requer, no mínimo, quatro aspectos científicos: i) a apreciação dos elementos de fato, para apurar a relevância jurídica. Aliás, a impossibilidade de dissociação entre norma e fato é uma característica dos ensinamentos de *Barbosa Nogueira*;[25] ii) o exame e controle dos textos legais vigentes; iii) a exegese dos textos conhecidos, inclusive já revogados, e de outros países; e iv) a pesquisa da ciência da elaboração da lei, pressupondo-se a realização de juízos de valor, para criticar, sugerir e aconselhar a elaboração da lei[26]

Assim, a interpretação deve partir da estrutura normativa que define os elementos fáticos, devendo ser observado que a natureza estrutural de cada norma é caracterizada por pressupostos diferentes que, segundo o autor, podem ser econômicos, jurídicos, tecnológicos, dentre outros, e a interpretação deve observar estes elementos.[27]

O autor defendia a autonomia do Direito Tributário, sendo que o intérprete do Direito deverá levar em consideração a ciência e a técnica do Direito Tributário, ou seja, as peculiaridades do sistema jurídico, dentro do qual deverá interpretar e aplicar a lei. A interpretação deve partir do exame da Constituição (princípios: capacidade contributiva, legalidade, proporcionalidade), das leis e de todo o sistema jurídico tributário.

Em relação ao fato gerador descrito na norma tributária, esse manifesta a vontade do legislador que, segundo o autor, é de cunho econômico. Assim, conclui que *"o aspecto econômico é integrante dos elementos constitutivos do crédito tributário (...)* portanto, *os fundamentos econômicos da lei tributária vinculam e condicionam os efeitos jurídicos"*.[28] Ressalta-se que o doutrinador exclui dessa perspectiva os tributos que denomina extrafiscais ou regulatórios, pois esses *"decorrem do 'poder de regular' e não do 'poder de tributar'"*.[29]

*Barbosa Nogueira* esclarece, ainda, que os elementos que constituem o fato gerador são diferentes em cada tributo (renda, pro-

---

[25] "Traçando mesmo alguns critérios que não são todavia exaustivos, a legislação alemã refere que na interpretação tributária deverão ser tomadas em consideração o entendimento comum, a finalidade e o sentido econômico das leis tributárias, como o desenvolvimento das relações, tanto na apreciação da norma como dos elementos de fato (...). Realmente, não é possível a dissociação entre norma e fato, como não o é entre teoria e prática". (NOGUEIRA, Ruy Barbosa. *Direito Financeiro – Curso de Direito Tributário*. 3ª ed. José Bushatsky: São Paulo, 1971, p. 24.

[26] Idem, p. 18.

[27] NOGUEIRA, Ruy Barbosa. *Da interpretação e da aplicação das leis tributárias*, p. 73-74

[28] Idem, p. 128.

[29] Idem, ibidem.

priedade, mercadoria, ato ou negócio jurídico, etc.) e, desse modo, influenciam de forma diferente nos princípios que devem ser apreciados no momento da interpretação e aplicação da lei.

Aponta que a lei tributária não pode interferir no Direito Privado, pois regula espécies diferentes de relações: Fisco e contribuinte. Assim, se o contribuinte estruturou seus empreendimentos, suas relações privadas, formas legítimas e normais, que incidam em menor tributação, o Fisco não poderia influenciá-lo e penalizá-lo.

Contudo, caso o contribuinte abuse do direito à utilização das formas jurídico-privadas, empregando formas não usuais e inadequadas, com o intuito de impedir ou fraudar a tributação, configurar-se-ão casos de abuso, inoponíveis ao Fisco.[30] Interessante referir que, não obstante ter sido já bastante debatida, essa discussão ainda persiste, na medida em que são traçados grandes embates sobre os limites dos planejamentos tributários.[31]

Por fim, com base nos apontamentos do Professor *Barbosa Nogueira*, conclui-se que o fator econômico da tributação deve ser levado em conta, principalmente no que condiz ao Princípio da Capacidade Contributiva; todavia, o aspecto econômico terá maior influência no campo legislativo, e a interpretação, a nenhum custo, poderá estender a norma, de forma demasiada, ao ponto de acarretar a imposição de tributos ou seu aumento sem previsão legal. Deve ser respeitado o Princípio da Legalidade.

## 4. Obras publicadas

- *Curso de direito tributário*. São Paulo, 1957.
- *Da interpretação e da aplicação das leis tributárias*. São Paulo: Revista dos Tribunais, 1963.
- *Direito financeiro*: curso de direito tributário. São Paulo: José Bushatsky, 1964.
- *Direito tributário*: estudos de casos e problemas. São Paulo: José Bushatsky, 1969.
- *Direito tributário comparado*. São Paulo: Saraiva, 1971.
- *Aspectos fundamentais do IPI e os vasilhames*. São Paulo: Unidas, 1974.
- *Direito tributário aplicado* (em colaboração com Paulo Roberto Cabral Nogueira). Rio de Janeiro-São Paulo: Forense-EDUSP, 1975.

---

[30] NOGUEIRA, Ruy Barbosa. *Da interpretação e da aplicação das leis tributárias*, p. 130.

[31] O CTN, no art. 116, parágrafo único, trata da desconsideração do ato ou negócio jurídico praticado com a intenção de *"dissimular a ocorrência do fato gerador do tributo ou a natureza dos elementos constitutivos da obrigação tributária, observados os procedimentos a serem estabelecidos em lei ordinária"*. Exemplo disto é a Medida Provisória nº 645/2015, que tentou instituir a declaração do planejamento tributário, o que gerou críticas e, de certa forma, teve repercussão negativa perante os contribuintes. Em virtude da complexidade e da delicadeza do assunto, a declaração foi excluída quando da conversão da referida MP na Lei nº 13.202/2015.

- *Túllio Ascarelli e o direito tributário do Brasil*. São Paulo: IBDT, 1979.
- *IPI e ICM*: a delucidação tecnológica; ICM e ISS: mercadorias e serviços; a base de cálculo; ICM e selo de controle. São Paulo: Resenha Tributária, 1981.
- *Contribuições sociais e empresas urbanas e rurais*. São Paulo: IBDT, 1985.
- *Curso de direito tributário, de acordo com a Constituição Federal de 1988*. São Paulo: Saraiva, 1989.
- *IPI, ICMS, ISS, Contribuição de Melhoria*. São Paulo: Resenha Tributária, 1991.

# — Amilcar de Araújo Falcão —

## Fato Gerador da Obrigação Tributária

### FÁBIO TOMKOWSKI[1]

*Sumário*: 1. Vida; 2. Obra; 2.1. Importância do conceito de fato gerador; 2.2. Terminologia ; 2.3. Conceito de fato gerador; 2.4.1. Previsão em lei; 2.4.2. Fato econômico de relevância jurídica; 2.4.3. Surgimento da obrigação tributária; 2.5. Incidência, não incidência, imunidade e isenção; 3. Principais ideias; 4. Referências.

## 1. Vida

Em 1945, o jovem *Amilcar de Araújo Falcão* ingressava na Faculdade de Direito da Universidade da Bahia, tendo sido o primeiro na classificação de sua turma. Foi onde teve contato com o Direito Financeiro, disciplina que muito lhe interessou e onde estava, na época, inserido o Direito Tributário, que mais tarde veio a ser tratado como disciplina autônoma.

Passou em concurso para Assistente jurídico do Itamarati, transferindo-se para o Rio de Janeiro e filiando-se à Universidade do Estado da Guanabara.

Concluiu o doutorado em Direito Público quando já era Instrutor da cadeira de Finanças.

Tornou-se, nessa mesma Universidade, livre-docente e catedrático da cadeira de Direito Fiscal. Obteve êxito, também, em concurso para professor dessa mesma disciplina na Universidade Federal do Rio.

Teve inúmeros artigos publicados em revistas no Brasil e no exterior, tudo isso antes de completar 30 anos de idade. Publicou, também, diversos livros, dentre os quais "Introdução ao Direito Tributário", e,

---

[1] Doutorando em Direito Econômico, Financeiro e Tributário (USP), Mestre em Direito Público (PUCRS). Pesquisador visitante na Faculdade de Direito de Harvard (EUA) e no Instituto Max Planck de Direito Tributário e Finanças Públicas (Alemanha).

Clássicos do Direito Tributário

talvez sua obra mais conhecida e que é objeto do presente estudo, "Fato Gerador da Obrigação Tributária".

Muito embora tenha falecido extremamente jovem, aos 39 anos de idade, em 7 de janeiro de 1967, *Amilcar* deixou seu legado, ficando marcado para sempre na história do Direito Tributário não só no Brasil, mas também nos diversos países, especialmente os de língua espanhola, que tiveram contato com suas obras.

## 2. Obra

Em sua obra *Fato Gerador da Obrigação Tributária, Amílcar de Araújo Falcão* se destaca pela excepcional clareza e precisão com que expõe suas ideias acerca do surgimento da obrigação tributária.

Para isso, utiliza-se de conceitos, muitas vezes buscando suas origens no direito comparado, mesmo em uma época em que o acesso às bibliografias estrangeiras, e até mesmo o acesso ao conhecimento de outras línguas, era muito mais restrito, o que demonstra o brilhantismo do autor.

### 2.1. Importância do conceito de fato gerador

Para *Falcão*, citando Merck,[2] a importância do fato gerador estaria na constatação de que inúmeros conceitos e institutos de que se ocupa o Direito Tributário teriam como ponto de partida a noção de fato gerador, sendo, com isso, possível afirmar que o fato gerador estaria para o Direito Tributário assim como o delito estaria para o Direito Penal.[3]

### 2.2. Terminologia

Com relação à terminologia, observou que várias expressões estavam sendo utilizadas como sinônimas de fato gerador, sendo a maioria delas simples tradução de termos provenientes de outros países, como, por exemplo: suporte fático (do alemão *Steuertatbestand*), fato imponível (do espanhol *hecho imponibilie*), situação base ou pressuposto de fato do tributo (do italiano *fattisepecie tributaria*), dentre outros.[4]

---

[2] MERK, Wilhelm. *Steuerschuldrecht*. Tübingen: Verlag von J. C. B. Mohr (Paul Siebek). 1926. p. 63.

[3] FALCÃO, Amilcar de Araújo. *Fato Gerador da Obrigação Tributária*. 4ª ed. São Paulo: Revista dos Tribunais. 1977. p. 32.

[4] Idem, p. 27.

Amílcar criticou, no entanto, a utilização, por determinados autores, das expressões *objeto do tributo* ou *objeto do imposto*, para designar o fato gerador. Para ele, tais expressões seriam criticáveis por diversas razões: primeiramente por recordarem antigas concepções equivocadas segundo as quais os tributos, especialmente os impostos, recairiam sobre coisas, de tal maneira que se falava em impostos incidentes sobre imóveis, ou sobre mercadorias destinadas ao consumo, importadas, fabricadas etc. Na verdade, para *Falcão*, a relação tributária seria uma relação pessoal ou obrigacional, servindo a indicação da coisa, do imóvel, da mercadoria, como um *prius lógico* para identificar o fato gerador, que seria sempre uma relação estabelecida com tais objetos.[5]

A segunda razão apontada pelo autor para a não utilização da expressão objeto do tributo com significado de fato gerador, é que haveria aí uma impropriedade técnica, pois, conforme Wilhelm Merk,[6] se o tributo é, por definição, uma prestação em dinheiro, o objeto do tributo seria o objeto dessa prestação.[7]

Contudo, lembra ainda *Falcão*, que a expressão *fato gerador* também seria passível de crítica, especialmente o qualificativo gerador, que possuiria uma impropriedade.

Não seria a obrigação tributária criada pelo fato gerador, pois quem realiza esse papel é a própria lei. O fato gerador seria apenas o pressuposto material que o legislador estabeleceria para que a relação obrigacional fosse instaurada.

Desse modo, a obrigação tributária nasceria, criar-se-ia e seria instaurada por força da lei, pois na lei estão todos os fatores germinais. Assim, o fato gerador marcaria somente o momento, o pressuposto, a *fattispecie* normativa para que o vínculo jurídico legalmente previsto seja inaugurado.[8]

Todavia, mesmo com tal impropriedade terminológica, não haveria justificativa para que o termo fato gerador fosse desprezado, visto que a deficiência acima exposta não excluiria a possibilidade de que fosse frisado que o momento da ocorrência do fato gerador seria aquele mesmo em que se consideraria instaurada a obrigação tributária.

---

[5] FALCÃO, Amilcar de Araújo. Op. cit., p. 28.

[6] MERK, Wilhelm. Op. cit., p. 36.

[7] FALCÃO, Amilcar de Araújo. Op. cit., p. 28.

[8] Idem, p. 29.

## 2.3. Conceito de fato gerador

*Amílcar de Araújo Falcão* conceitua obrigação tributária principal a relação jurídica através da qual a prestação de tributos é exigida pelo Estado ou outra pessoa de direito público, sendo a fonte dessa obrigação a lei. No entanto, para ele, não bastaria a existência de lei para que a obrigação tributária se instaurasse, pois seria necessário o surgimento concreto de um fato ou pressuposto indicado pelo legislador como sendo capaz de servir de fundamento para a ocorrência da relação jurídica tributária. A isso denominou fato gerador.[9]

Nesse sentido, fato gerador seria, nas palavras do referido autor, o conjunto de fatos ou o estado de fato a que o legislador vincula o nascimento da obrigação jurídica de pagar tributo determinado. Assim, identificou algumas características relevantes para que ocorresse o fato gerador, quais sejam: a) a previsão em lei; b) a circunstância de constituir o fato gerador, para o direito tributário, um fato jurídico, na verdade, um fato econômico de relevância jurídica; c) a circunstância de se tratar do pressuposto de fato para o surgimento ou a instauração da obrigação *ex lege* de pagar um tributo determinado.

### 2.4.1. Previsão em lei

Com relação à previsão em lei, esta seria o desdobramento ou de um aspecto do princípio geral da legalidade da administração (*Gesetzmässigkeit der Verwaltung*), ou, de maneira mais específica, do princípio da legalidade tributária.

Em decorrência do princípio da legalidade tributária, exige-se previsão legal que determine, pelo menos: o fato gerador do tributo, a sua alíquota, a base de cálculo e os sujeitos passivos diretos e indiretos da obrigação tributária.[10]

Cabe ressaltar que, sem a previsão legal, não haveria fato gerador, mas somente um fato da vida comum, um fato econômico, pois mesmo que dotado de relevância para outros ramos do Direito, para o Direito Tributário ele seria irrelevante juridicamente para fins de surgimento da obrigação tributária. Assim, trata-se o princípio da legalidade tributária de um requisito existencial essencial para a própria formação do fato gerador, não sendo somente um requisito de validade.[11]

---

[9] FALCÃO, Amilcar de Araújo. Op. cit., p. 25-6.

[10] Conforme BALEEIRO, Aliomar. *Limitações Constitucionais ao Poder de Tributar*. 2ª ed. Rio de Janeiro: Editora Forense. 1960. p. 46.

[11] FALCÃO, Amilcar de Araújo. Op. cit., p. 43.

Já para a identificação do fato gerador, *Falcão* lembra que nem sempre a caracterização desse se faz extensivamente na lei, visto que, muitas vezes, o legislador se limitará a mencionar uma simples qualificação legal ou exemplificativa de algo, cabendo ao intérprete a tarefa de interpretação da norma para fim de conceituar adequadamente o fato gerador no caso concreto.

Na hipótese em que o fato gerador coincide com um conceito já consagrado em outro ramo do direito ou ciência, caberá ao intérprete colher as características do fato gerador na disciplina jurídica científica da qual a sua definição foi tomada, levando em conta, entretanto, os princípios fundamentais de Direito Tributário.

Já na hipótese de mera exemplificação, também incumbirá ao intérprete, pela síntese ou reunião das características comuns subjacentes nas enunciações da exemplificação legal, encontrar o conceito geral ao qual o legislador buscou referir.[12]

Para o referido autor, a tarefa de interpretar consistiria em somente declarar o seu sentido e alcance, não havendo na interpretação qualquer atividade criadora ou inovadora, sendo a atividade intelectual do exegeta somente declaratória, entendendo-a de modo racional, lógico ou sistemático, realizando, no entanto, as correções necessárias de eventuais deficiências léxicas da lei.[13]

### 2.4.2. Fato econômico de relevância jurídica

Para *Falcão*, o fato gerador consistiria em um fato jurídico em sentido estrito, não sendo ele, para o Direito Tributário, um ato jurídico de conteúdo negocial ou um negócio jurídico.[14] Todavia, tal fato jurídico possuiria uma peculiaridade, qual seja: constituir um critério, um índice ou um indício para a aferição da capacidade econômica ou contributiva dos sujeitos aos quais se atribui, ou seja, em sua essência, substância ou consistência seria o fato gerador um fato econômico ao qual o Direito empresta relevo jurídico.[15]

Assim, o ideal seria que fosse possível mensurar, de modo direto e imediato, pelo patrimônio ou pela renda, a capacidade contributiva de cada um para contribuir com o financiamento do custeio do Estado. *Falcão* afirma, no entanto, que isso seria utópico e inatingível e, além do mais, em razão das distorções decorrentes de sua impraticabilidade, não seria conveniente, em decorrência das inevitáveis frau-

---

[12] FALCÃO, Amilcar de Araújo. Op. cit., p. 44-5.

[13] Idem p. 48.

[14] Idem, p. 63.

[15] Idem, p. 64.

des que propiciaria, sem contar a insegurança jurídica que o ímpeto do Fisco por tornar factível o resultado, poderia ocasionar.[16]

### 2.4.3. Surgimento da obrigação tributária

Para *Falcão*, a consequência jurídica que o fato gerador busca produzir seria o surgimento da obrigação de prestar tributo, em outras palavras, da obrigação tributária principal, sendo o fato gerador o ponto de partida para que se instaure tal relação jurídica.[17]

Sendo assim, nesse aspecto de causalidade é que estaria o traço mais importante da teoria do fato gerador, pois, ocorrendo concomitantemente o surgimento da obrigação tributária principal e do fato gerador, suas naturezas funcionais determinariam inúmeros outros conceitos subordinados que constituem aspectos da relação obrigacional.[18]

Lembra o referido autor, no entanto, que os conceitos de constitutividade e declaratoriedade são relativos, pois, se assim não fossem, ou seja, se se tratassem de termos absolutos, todos os atos que não fossem inúteis ou irrelevantes seriam inevitavelmente constitutivos.

Os atos declaratórios teriam alguma eficácia ou virtude inovadora, tanto para a eliminação de um estado de dúvida e consequentemente a criação de um estado de certeza, como na energia que emprestaria a direitos preexistentes e que importariam na inoculação de um efeito positivo sobre a eficácia de tais direitos.[19]

Por tais razões é que se poderia falar de um dúplice traço[20] presente no ato declaratório, quais sejam: i) a preexistência de um direito que ele se limita a conhecer, sem, no entanto, gerar efeitos sobre a criação, transferência, modificação ou extinção do direito – esse seria o aspecto estático do ato declaratório; ii) a configuração de um entrave ou embaraço ao exercer esse direito preexistente, ou seja, sua ineficácia prática ou jurídica a qual o ato declaratório se destinaria ou poderia se destinar a remover, instaurando o estado de certeza decorrente desse – tal aspecto seria a função dinâmica do ato declaratório, também já chamada de função reparadora ou clínica.[21]

---

[16] FALCÃO, Amilcar de Araújo. Op. cit., p. 67.

[17] Idem, p. 95-6.

[18] Idem, p. 97.

[19] Idem, p. 101.

[20] Idem, p. 102.

[21] MERLE, Roger. *Essai de Contribution à la Théorie de l'Acte Declaratif*. Paris: Ed. Rousseau. 1949. p. 291.

Com relação ao efeito resultante do lançamento tributário, ele teria a ver com a exigibilidade da prestação que constitui o objeto da obrigação tributária, em outras palavras, com a exigibilidade do pagamento do tributo.

Além disso, o lançamento se limitaria a reconhecer, valorar, qualitativa e quantitativamente, liquidar a obrigação tributária que lhe seria preexistente, a qual nasceria quando da ocorrência do fato gerador e que, em tal momento, adequar-se-ia ao regime normativo e às características fáticas que marcaram de modo definitivo sua fisionomia.[22]

No que diz respeito à eficácia declaratória do lançamento, *Falcão* elaborou a seguinte síntese:[23]

i) as valorações qualitativas por ele realizadas levam em conta o momento da ocorrência do fato gerador e não o do lançamento;

ii) as valorações quantitativas levam em conta também o momento da ocorrência do fato gerador;

iii) a vinculação do sujeito passivo principal (contribuinte) com o fato gerador é determinada no instante em que ele surge;

iv) o falecimento do contribuinte após a ocorrência do fato gerador e antes do lançamento não influenciaria este, pois, para *Falcão*, o lançamento seria dirigido aos sucessores (sujeição passiva indireta por transferência: hipótese de sucessão tributária) deste contribuinte;

v) o regime substantivo que regerá a obrigação tributária será o que estiver vigente na época do fato gerador e não o da época do lançamento, ocasionando na criação para o contribuinte de uma situação constituída de modo definitivo, um direito adquirido que a legislação ulterior, mesmo a da época do lançamento, não poderá alterar em detrimento do contribuinte;

vi) por tal razão, mesmo que ocorresse a revogação da lei tributária posteriormente ao fato gerador e antes do lançamento, isso não impediria que ele fosse expedido, salvo se a lei posterior, de maneira taxativa, determinasse a ilegibilidade do débito tributário ou suprimisse os poderes do Fisco relativos à cobrança e arrecadação tributária;

vii) o legislador possui o poder para estabelecer um prazo para a ocorrência da prescrição ou de decadência do direito ao tributo, e, em tal caso, o lançamento não poderia ser lavrado, em decorrência da extinção ou inexigibilidade da relação obrigacional preexistente.

---

[22] FALCÃO, Amilcar de Araújo. Op. cit., p. 104.

[23] Ibidem.

Observa, ainda, *Falcão*, que, caso o contribuinte houvesse efetuado o pagamento do tributo após expirado o prazo decadencial deste, caberia repetição de indébito. Todavia, quando se tratar de prescrição, o pagamento será considerado regular e, por esse motivo, não caberia pedido de restituição. Por tais razões é que o direito de crédito do sujeito ativo preexistente ao lançamento permaneceria imutável, atingindo a prescrição somente os meios para sua cobrança e, assim, o lançamento tributário.

Por fim, o referido autor frisa que não se cria a obrigação tributária de um direito novo, mas, simplesmente, declara-se a existência de uma relação jurídica prévia, sendo a exigibilidade uma consequência do estado de certeza proveniente do ato que a declara. Em outras palavras, quando um termo ou um prazo para o implemento de uma prestação é fixado, tal prestação somente se torna exigível, mas nem por isso seria possível afirmar que o direito de que ela é objeto passou a existir apenas com a ocorrência do termo ou a consumação do referido prazo.[24]

### 2.5. Incidência, não incidência, imunidade e isenção

Importante comentar, mesmo que muito brevemente, acerca do que *Falcão* compreendia como os conceitos jurídicos de incidência, não incidência, imunidade e isenção, essenciais para qualquer estudioso do Direito Tributário.

Para que se configure de modo concreto a obrigação tributária, é necessária a ocorrência do fato gerador. Desse modo, podemos falar que houve a incidência do tributo, quando se verifica a ocorrência do fato gerador.

Logo, caso não ocorra o fato gerador, a relação tributária não se instaura, não havendo, em razão disso, a incidência. A isso dá-se o nome de não incidência, a qual se divide em duas modalidades: i) não incidência pura e simples; e ii) não incidência juridicamente qualificada, não incidência por disposição constitucional ou imunidade tributária.

No caso da não incidência pura e simples, ela decorre da circunstância de não se verificarem os pressupostos materiais indispensáveis para a constituição ou integração do fato gerador, ou seja, o fato gerador não existe, não ocorre ou não chega a integrar-se.[25]

---

[24] FALCÃO, Amilcar de Araújo. Op. cit., p. 106.
[25] Idem, p. 116.

De tal modo, conforme esclarecedora síntese do referido autor, a imunidade seria uma forma qualificada ou especial de não incidência, por supressão, na Constituição, da competência impositiva ou do poder de tributar, quando configurados certos pressupostos, situações ou circunstâncias nela previstos. Assim, seria possível afirmar que a Constituição distribui originariamente a competência impositiva ou do poder de tributar. Fazendo a outorga dessa competência, declara os casos em que ela poderá ser exercida. A imunidade, então, seria uma forma de não incidência em razão da supressão da competência impositiva para tributar determinados fatos, situações ou pessoas, em decorrência de determinação constitucional.[26]

Já na isenção, diferentemente da imunidade, há incidência, ou seja, ocorre o fato gerador. Entretanto, o legislador, seja por motivos relacionados à capacidade contributiva do contribuinte, seja por motivações decorrentes da extrafiscalidade, determina a inexigibilidade do débito tributário, ou, em outras palavras, dispensa o pagamento do tributo.

### 3. Principais ideias

*Amilcar de Araújo Falcão* merece estar entre os Clássicos do Direito Tributário por sua inestimável contribuição para os estudos da matéria. A obra *Fato Gerador da Obrigação Tributária* se tornou literatura obrigatória para qualquer interessado no aprofundamento e compreensão acerca do surgimento da obrigação tributária, tendo sido considerada a obra que mais conseguiu expressar o espírito científico do autor, demonstrando claramente sua habilidade em expor, de maneira extremamente didática, seu domínio acerca do assunto, exercendo enorme influência na doutrina que veio a ser escrita posteriormente.

Coube a *Falcão* estabilizar a ideia de fato gerador, expressão que há tempos vinha sendo utilizada pelos operadores do Direito, concretizando-a de modo a lhe atribuir conteúdo, tendo sido dele, nas palavras de Paulo de Barros Carvalho,[27] que saíram as descrições mais ajustadas, os termos retoricamente mais eloquentes, para conferir a estrutura e o porte significativo que a expressão merece, dando corpo à ideia de fato gerador.

---

[26] FALCÃO, Amilcar de Araújo. Op. cit., p. 117.

[27] Idem, prefácio.

# 4. Referências

BALEEIRO, Aliomar. *Limitações Constitucionais ao Poder de Tributar.* 2ª ed. Rio de Janeiro: Editora Forense, 1960.

FALCÃO, Amilcar de Araújo. *Fato Gerador da Obrigação Tributária.* 4ª ed. São Paulo: Revista dos Tribunais, 1977.

——. *Fato Gerador da Obrigação Tributária.* 7ª ed. São Paulo: Noeses, 2013.

MERK, Wilhelm. *Steuerschuldrecht.* Tübingen: Verlag von J.C.B. Mohr (Paul Siebek), 1926.

MERLE, Roger. *Essai de Contribution à la Théorie de l'Acte Declaratif.* Paris: Ed. Rousseau, 1949.

# — Geraldo Ataliba —

## Hipótese de Incidência Tributária

## FERNANDO BORTOLON MASSIGNAN[1]

*Sumário*: 1. Vida; 2. Obra "Hipótese de Incidência Tributária"; 2.1. Primeira Parte – Noções Introdutórias; 2.2. Segunda Parte: Capítulo único - Aspectos da Hipótese de Incidência Tributária; 2.3. Terceira Parte: Classificação Jurídica dos Tributos; 3. Principais ideias (legado); 4. Referências de outras obras; Referências bibliográficas.

> *Mestre inigualável, cientista ímpar e amigo incondicional,*
> *a quem devo o amor pelo Direito Tributário.*[2]

## 1. Vida

*José Geraldo de Ataliba Nogueira*, ou *Geraldo Ataliba*, nasceu em 1936 e teve sua data de falecimento em 15 de novembro de 1995,[3] com apenas 59 anos. Apesar de ter seu passamento relativamente jovem, foi um dos juristas de maior destaque que tivemos em nosso cenário nacional, dedicando a maior parte de sua vida à pesquisa e ao desenvolvimento do Direito Público.

Desenvolveu as atividades de advogado e professor. Durante sua carreira catedrática, assumiu o cargo de professor titular da USP

---

[1] Mestre em Direito pela Pontifícia Universidade Católica do Rio Grande do Sul – PUCRS. Especialista em Direito Tributário pela Fundação Getúlio Vargas – FGV. Graduado em Ciências Jurídicas e Sociais pela PUCRS. Graduado em Ciências Contábeis pela UFRGS. Membro do grupo de pesquisa GTAX e da FESDT. Email: massignan@zanella.adv.br

[2] Dedicatória à Geraldo Ataliba proferida por Marco Aurélio Greco. GRECO, Marco Aurélio. *Norma Jurídica Tributária*. São Paulo. Saraiva. EDUC, 1974.

[3] Refere-se a digna homenagem prestada pelo Ministro Carlos Velloso: "tarde do dia 15 de novembro, quando os brasileiros comemoravam a proclamação da República, morreu Geraldo Ataliba, o moderno doutrinador dos princípios republicanos". VELLOSO, Carlos Mário da Silva. *Geraldo Ataliba – Jurista Maior e Mestre de Vida*. Fórum Administrativo: Direito Público. Belo Horizonte, n. 43, p. 4372-80, set. 2004. Disponível em <www.revistas.usp.br/rfdusp/article/download/67311/69921> Acesso em 20.12.2015.

(Universidade de São Paulo)[4] e da PUC-SP (Pontifícia Universidade Católica de São Paulo), vindo, inclusive, a assumir o cargo de reitor dessa instituição entre os anos de 1973 e 1976, época em que vigorava o regime Militar no Brasil.[5] A sua história universitária foi extremamente profícua no âmbito do Direito Público, sendo responsável pela inauguração, nos primeiros anos da década de 1970, dos cursos de especialização, mestrado e doutorado em Direito Tributário,[6] cujo sucesso influenciou (e persiste influenciando) a formação de diversas gerações[7] de professores e profissionais da área.

Em 1975, *Geraldo Ataliba* fundou, em conjunto com grandes juristas, tais como Jose Manuel de Arruda Alvim Netto, Paulo de Barros Carvalho, Alberto Pinheiro Xavier, Leon Kasinsky Neto, entre outros, o IDEPE – Instituto Internacional de Direito Público e Empresarial, hoje chamado Instituto Geraldo Ataliba – IDEPE (IGA-IDEPE),[8] sendo também um dos fundadores, em conjunto com Rubens Gomes de Souza e Paulo de Barros Carvalho, do IBET – Instituto Brasileiro de Estudos Tributários.

Ainda como orientador acadêmico, *Ataliba* criou a Revista de Direito Tributário e, em conjunto com Celso Antonio Bandeira de Mello, a Revista de Direito Público, as quais foram inicialmente publicadas pela Editora Revista dos Tribunais e depois pela Editora Malheiros. Também foi membro do Conselho de Redação da *Revista de Derecho Financeiro*, de Madri (Espanha).

Desse brevíssimo histórico, pode-se inferir o pioneirismo e a capacidade aglutinadora desse grande jurista, que em época de repressão conseguiu elevar o Direito Público à análise constitucional, sempre orientando a necessidade de sua observância. Diversos escritos foram editados em sua homenagem,[9] congregando juristas como

---

[4] O discurso de posse do Professor Geraldo Ataliba na USP consta disponível em <www.revistas.usp.br/rfdusp/article/download/67020/69630>. Acesso em 10.01.2016.

[5] Caio Mario Velloso refere a importância com que Geraldo Ataliba combateu a ditadura militar.

[6] SUNDFELD, Carlos Ari. O entusiasta do direito público – Homenagem a Geraldo Ataliba. FGLAW, Julho de 2010. São Paulo: Fundação Getúlio Vargas. Disponível em <http://biblioteca.portalbolsasdeestudo.com.br/link/?id=2401477>. Acesso em 10.01.2016.

[7] VELLOSO, Carlos Mário da Silva. Geraldo Ataliba – Jurista Maior e Mestre de Vida. Fórum Administrativo: Direito Público. Belo Horizonte, n. 43, p. 4372-80, set. 2004. Disponível em <www.revistas.usp.br/rfdusp/article/download/67311/69921> Acesso em 20.12.2015.

[8] <http://www.iga-idepe.org.br/>.

[9] Destacam-se os seguintes: MELLO, Celso Antonio Bandeira de (Coord). *Estudos em Homenagem a Geraldo Ataliba*. São Paulo: Malheiros. 1997. BOTTALLO, Eduardo Domingos (Coord.). Direito tributário: homenagem a Geraldo Ataliba. São Paulo: Quartier Latin, 2005. 351 p. Publicação promovida pelo Instituto Geraldo Ataliba – IDEPE. CARRAZZA, Roque Antônio, 1949-. Homenagem a Geraldo Ataliba. Caderno de Direito Constitucional e Ciência Política. São Paulo, n. 16, p. 82-85, jul./set. 1996. CARRAZZA, Roque Antônio, 1949-. Homenagem a Geraldo Ataliba.

Ives Gandra da Silva Martins, Aires Barreto, Celso Antonio Bandeira de Mello, José Eduardo Soares de Melo, José Souto Maior Borges, Roque Antonio Carrazza, Paulo Ayres Barreto, Mizabel Derzy, entre diversos outros que sofreram sua influência.

Ainda para fins de memória do mestre, refere-se que quando deflagrado o processo de *impeachment* do então presidente Fernando Collor de Mello, *Geraldo Ataliba* participou da Mesa Redonda da emissora TVE, sendo possível, ainda hoje, visualizar parte do discurso de *Ataliba* nos arquivos da emissora.[10]

*Ataliba* era um constitucionalista, primava pelo rigor da análise e o cientificismo jurídico. Buscava combater a utilização de conceitos estranhos ao direito para a interpretação jurídica, conforme será evidenciado na análise realizada alhures. Nesse sentido, sofria influência das ideias propagadas por Kelsen e Hensel, sendo que buscava a base jurídica e baliza de toda interpretação a partir das definições constitucionais.

## 2. Obra "Hipótese de Incidência Tributária"

A obra de *Geraldo Ataliba* que recebeu maior destaque foi, sem dúvida, o livro *Hipótese de Incidência Tributária*,[11] escrito em 1973 e, que por seguir atual, é objeto de inúmeras reedições e tiragens. Trata-se de uma obra em que *Geraldo Ataliba* buscou concretizar uma teoria de valor universal sobre a norma tributária e, ainda, extrair da Constituição Federal categorias suficientes para estruturar todo o Direito tributário brasileiro.

A obra está dividida em três partes. Na primeira, o autor define qual é o objeto do Direito; o que é tributo para a ciência jurídica, demonstrando a estrutura da norma tributária e por fim esclarece a suposta autonomia do Direito Tributário. Na segunda parte, define a chamada Hipótese de Incidência Tributária, fazendo crítica à atecnicidade da utilização da expressão *Fato Gerador* até então difundido pela doutrina nacional e internalizado pelo Código Tributário Nacional

---

Revista ANAMATRA. São Paulo, n. 27, p. 13-15, jun./jul. 1996.VELLOSO, Carlos Mário da Silva, 1936-. Geraldo Ataliba, jurista maior e mestre de vida. Revista de Direito Constitucional e Internacional. São Paulo, n. 49, p. 7-20, out./dez. 2004.

[10] Entrevista disponível em: <http://www.rodaviva.fapesp.br/materia/820/entrevistados/geraldo_ataliba_1992.htm> Acesso em 20.12.2015.

[11] ATALIBA, Geraldo. *Hipótese de Incidência Tributária*. 6ª Edição. Malheiros: São Paulo. 13ª Tiragem. 2012.

de 1967[12] e na terceira parte *Geraldo Ataliba* esclarece qual seria sua classificação jurídica dos tributos

Passamos a evidenciá-las:

## 2.1. Primeira Parte – Noções Introdutórias

A primeira parte da obra tem o objetivo de estabelecer definições necessárias para, dentre outros objetivos, permitir a compreensão do objeto do Direito, do que é Direito Tributário, da definição de tributo e, sobretudo, da estrutura da norma.

*Ataliba* demonstra de forma muito clara o caráter instrumental do Direito, característica que torna o principal elemento da norma jurídica o conteúdo mandamental. Sustenta o doutrinador que o direito tem como finalidade servir de meio à disposição das vontades para obter, mediante comportamentos humanos, o alcance das finalidades desejadas pelos titulares daquela vontade, ensina o doutrinador:

> Toda norma contém uma hipótese e um comando. O comando só é obrigatório associado à hipótese e a hipótese contém dois aspectos: um subjetivo – determinação do titular do comportamento colhido pelo mandamento e outra pessoa que a pode exigir; e um objetivo – determinação das circunstâncias (tempo, lugar, modo, qualidade e quantidade) em que o mandamento incide.[13]

Das diversas espécies normativas, *Ataliba* direciona o estudo para dois tipos específicos, quais sejam **a.** das normas que impõe um comportamento e; **b.** das normas que atribuem qualidade ou estado. Destaca a importância destas duas espécies normativas a partir do entendimento de que apenas por meio de Lei que se define quem é o detentor de determinado direito, solucionando questões como a propriedade (quem é o proprietário); renda; transmissão, poderes, etc. Assim, na mesma linha de Kelsen, as normas jurídicas sempre atribuem algo a alguém ou a alguma coisa.[14]

É enfático *Ataliba* ao definir que "tudo o que todos têm (coisas ou qualidade jurídicas) é-lhes atribuído pela ordem jurídica".[15]

Os políticos utilizam o direito como instrumento do desígnio de abastecer o Estado de dinheiro, sendo que não basta a norma atribuir de forma abstrata o direito de o Estado obter dinheiro, pois tal imputação, por si só, não garante a obtenção efetiva dos meios financeiros.

---

[12] Conforme consta no artigo 4º do CTN: "A natureza jurídica específica do tributo é determinada pelo *fato gerador* da respectiva obrigação, sendo irrelevantes para qualificá-la". A mesma terminologia é utilizada nos arts. 16, 19, 23, 29, 32; 35; 43 do CTN.

[13] ATALIBA, Geraldo. *Hipótese de Incidência Tributária*. p. 26.

[14] Idem, p. 27.

[15] Idem, p. 29.

A movimentação física, que realiza a previsão abstrata, ocorre por meio de comportamentos humanos, normalmente de agentes públicos, de terceiros ou dos obrigados.

Em relação ao objeto do Direito Tributário, *Ataliba* realiza a delimitação do conceito de Tributo como cerne desta relação jurídica. Este conceito somente pode ter fundamento na Constituição Federal e apenas pode ser extraído do direito positivo.

*Ataliba* aponta que nosso sistema jurídico define o tributo como o objeto da obrigação tributária, tendo como centro a determinação da obrigação de levar dinheiro ao Estado. Assim o objeto da prestação tributária não é o dinheiro em si, mas a obrigação definida pela norma jurídica.[16] Nesse sentido, os conceitos de tributo existentes em outras áreas além do direito não podem sequer serem considerados a partir do momento da existência da norma que o defina, pois o Direito "constrói suas próprias realidades, com especificidade, característica e naturezas próprias".

Assim, alerta *Ataliba* que o operador do direito não pode e nem deve utilizar conceitos extravagantes que são objeto de outras ciências, pois o tributo busca sua fundamentação unicamente na Constituição Federal.[17]

As normas tributárias atribuem dinheiro ao estado e ordenam comportamentos dos agentes tendentes a levar dinheiro aos cofres públicos.[18] [19] Segundo *Ataliba*, o artigo 3º do CTN[20] é preciso na conceituação de Tributo, embora este conceito só possa ser extraído da própria Constituição Federal, ou seja, o legislador conseguiu extrair o conceito constitucional com precisão, sendo que "nenhuma lei pode alargá-lo, reduzi-lo ou modificá-lo". Assim, a construção do conceito jurídico-positivo de tributo dá-se pela observação e análise das normas jurídicas constitucionais".

Distingue o tributo de 3 outras formas de "dar dinheiro ao Estado", quais sejam: multa, obrigação convencional e indenização por dano, sendo o tributo autônomo e bem definido, constituindo-se como "instituto nuclear do direito tributário como obrigação".[21]

---

[16] ATALIBA, Geraldo. *Hipótese de Incidência Tributária*, p. 30.

[17] Idem, p. 23.

[18] Idem, p. 30.

[19] Segundo o próprio autor, o direito é abstrato, então não pode ter um objeto específico para tratar, o objeto das normas jurídicas é unicamente o comportamento humano. p. 31/32.

[20] Art. 3º Tributo é toda prestação pecuniária compulsória, em moeda ou cujo valor nela se possa exprimir, que não constitua sanção de ato ilícito, instituída em lei e cobrada mediante atividade administrativa plenamente vinculada

[21] ATALIBA, Geraldo. *Hipótese de Incidência Tributária*. p. 34.

"A lei atribui a certos fatos a virtude para determinar o nascimento da obrigação tributária";[22] [23] a lei dá a este fato a virtude jurídica de determinar a transferência da titularidade de certa soma em dinheiro para o Estado, nesse momento o Estado passa a ser o titular da quantia em questão, tendo o poder de exigi-lo do contribuinte, que passará a ter o dever de pagar.

Sobre o questionamento do Direito Tributário ser ramo autônomo do direito ou não, *Ataliba* é enfático ao referir que este se trata de ramo do direito administrativo, gozando de autonomia didática, mas não científica.[24]

O estudo do direito tributário material responde às questões: "quem deve pagar; quanto e a quem se deve pagar; quando surge a contingência de pagar". Já as questões: "como se deve pagar; o que ocorrerá se não se pagar; quais as consequências da fuga ao dever de pagar; procedimentos para impugnar a exigência do pagamento irregular etc.". referem-se ao direito administrativo tributário. Apenas didaticamente se convencionou a utilização do Direito Tributário.[25]

No final da primeira parte, *Ataliba* passa a demonstrar a estrutura das normas tributárias, esclarecendo que sua estrutura é absolutamente igual à das demais normas jurídicas.[26]

Por fim, *Ataliba* passa a delinear de forma mais precisa o que entende por norma jurídica, referindo que essa existe de forma abstrata e contém, normalmente, hipótese, mandamento e sanção. Uma vez ocorrendo o fato previsto na hipótese da Lei, o mandamento, que era virtual, passa a ser atuante,[27] ocorrendo a chamada incidência, que nada mais é do que subsunção de um fato a uma hipótese legal.

### 2.2. Segunda Parte: Capítulo único - Aspectos da hipótese de incidência tributária

A partir deste capítulo, *Geraldo Ataliba* inicia o ponto central da obra para definir os Aspectos da Hipótese de Incidência Tributária,

---

[22] ATALIBA, Geraldo. *Hipótese de Incidência Tributária*, p. 31.

[23] "O Tributo é instituto criado pelo ordenamento jurídico e pode ou não ser semelhante aos conceitos extrajurídicos. – Conceito Jurídico Positivo". "Constrói-se o conceito jurídico-positivo de tributo pela observação e análise das normas jurídicas constitucionais". p. 33

[24] ATALIBA, Geraldo. *Hipótese de Incidência Tributária,* p. 40.

[25] Idem, p. 40.

[26] Tal definição promove crítica à expressão *fato gerador*, pois o mesmo foi utilizado apenas pelo direito tributário.

[27] Para Ataliba, diferentemente do que entende Paulo de Barros Carvalho, a sanção integraria a estrutura da norma tributária, enquanto Paulo de Barros Carvalho entende que a sanção é desencadeada por uma nova hipótese de incidência. Idem, p. 44.

realizando uma dura crítica à expressão *fato gerador* que, consagrado pelo doutrinador Gaston Jèze, foi introduzido e assimilado pelo nosso ordenamento jurídico.[28]

Assim, a expressão *fato gerador*, em nosso ordenamento, passou a designar tanto a hipótese abstrata quanto o fato material. *Ataliba* passa a referir a importância em distinguir a hipótese de incidência do fato imponível tendo inspiração suas colocações na doutrina de Hensel (*Steuetatbestand*) e (*tatbestand Venivirklichung*) e de Kelsen.

Outra crítica dirigida à expressão *fato gerador* reside no fato de que, a partir de sua leitura, poder-se-ia objetar que as normas tributárias seriam diferentes das demais normas de direito público e privado. Nesse sentido, alerta que a "estrutura de todas as normas do direito tributário é idêntica à das demais normas jurídicas, sendo passíveis de igual tratamento técnico", sendo a diferenciação essencial da norma tributária unicamente a obrigação de entregar dinheiro ao Estado em decorrente de fato lícito.

Uma vez estabelecido que Tributo é obrigação *ex lege* posta a cargo de certas pessoas, de levar dinheiro aos cofres públicos, *Ataliba* passa a referir que, primeiramente, (lógica e cronologicamente) temos uma descrição legislativa (hipotética) de um fato e que apenas ulteriormente este se realiza concretamente.

A partir desta premissa Ataliba defende a utilização da expressão *Hipótese de Incidência*[29] como a descrição legal de um fato, sua formulação hipotética, prévia e genérica, contida na lei. Trata-se de conceito necessariamente abstrato e atemporal.[30]

Assim, no campo jurídico, primeiramente, (lógica e cronologicamente) temos uma descrição legislativa (hipotética) de um fato que se chama *Hipótese de Incidência* a qual é Unitária e Incindível. Apenas ulteriormente o fato realiza-se concretamente e que se chamará de *Fato Imponível*.

O Fato Imponível referido situa-se no tempo e no espaço, ocorrendo de forma efetiva no universo fenomênico. Trata-se de *Fato Jurídico*, e não ato jurídico, porque ninguém realiza um ato com o objetivo de recolher tributos, mas este se configura como consequência decorrente de obrigação *ex lege*.

A configuração do fato (aspecto material), sua conexão com alguém (aspecto pessoal), sua localização (aspecto espacial) e sua con-

---

[28] ATALIBA, Geraldo. *Hipótese de Incidência Tributária*, p. 55.

[29] Chamada por Kelsen de fato jurígeno condicionante, p. 57.

[30] ATALIBA, Geraldo. *Hipótese de Incidência Tributária*, p. 58.

sumação num momento fático determinado (reunidos unitariamente) são necessários para realizar a subsunção da norma.

Para que a subsunção ocorra, impõe-se o cumprimento integral dos aspectos da Hipótese de Incidência, que, segundo *Ataliba*, são os seguintes:[31]

**Aspecto pessoal**: Sujeito Ativo (Estado) e Sujeito Passivo

**Aspecto temporal**: Circunstância do Tempo a qual pode ser implícita ou explícita;

**Aspecto espacial:** âmbito territorial da validade da Lei;

**Aspecto material**: Contém a designação de todos os dados de ordem objetiva, configuradores do arquétipo em que ela (h.i.) consiste. "Substância essencial". Trata-se de elemento qualitativo e quantitativo.[32]

A preocupação de *Geraldo Ataliba* chega até nossos dias, quando a discussão ainda se encontra viva, pois uma vez que a expressão *Fato Gerador* foi utilizada pelo Legislador, as novas legislações seguem repetindo-a, assim como diversas decisões judiciais e inclusive artigos jurídicos, embora, mister referir, a doutrina majoritária tenha incorporado a definição de *Hipótese de Incidência* e *Fato Imponível* defendida por *Ataliba*, com destaque para a obra de Paulo de Barros Carvalho.

### 2.3. Terceira Parte: Classificação jurídica dos tributos

Na última parte da obra, *Geraldo Ataliba* realiza uma classificação dos Tributos partindo de uma análise estritamente constitucional, referindo de forma muito pontual que toda classificação deve ser positiva, sendo "absurdo o jurista recorrer a qualquer critério não jurídico, pré-jurídico ou metajurídico para estabelecer uma classificação jurídica".[33]

A classificação defendida por *Ataliba* reside no aspecto material da Hipótese de Incidência classificando os tributos em:

**Vinculados:** Aqueles que recebem de forma direta uma contraprestação do ente estatal. Enquadrando-se nesses as taxas e contribuições.

**Não vinculados:** Consistente num fato qualquer que não uma atuação estatal. Nessa categoria enquadram-se os impostos.[34]

---

[31] O critério de classificação é abordado de forma aprofundada nas p. 65-119, sendo que para fins deste capítulo que tem por objetivo introduzir o tema apenas referimos de forma genérica as ideias de *Ataliba*.

[32] Diferentemente de Paulo de Barros Carvalho, *Ataliba* atribui ao aspecto material a quantificação - base imponível (da qual resulta a base calculada) e alíquota enquanto aquele define o critério quantitativo.

[33] Nesse sentido, Geraldo Ataliba critica a classificação de tributos sob a denominação de diretos e indiretos porque tal classificação seria adstrita à ciência das finanças.

[34] No mesmo sentido, foi defendido por Alfredo Augusto Becker, contemporâneo e parceiro de *Ataliba*. BECKER, Alfredo Augusto. *Teoria Geral do Direito Tributário*. São Paulo: Saraiva, 1963.

O doutrinador defendia a chamada teoria *bipartite* portanto.[35]

*Ataliba* era avesso à ideia da classificação pela finalidade do tributo e entendia que as chamadas Contribuições que utilizavam hipótese de incidência de imposto deveriam respeitar os mesmos requisitos constitucionais daqueles.

Nesse sentido, defendia que dificilmente surgiam contribuições cuja hipótese de incidência corresponderia ao exato conceito técnico-jurídico da espécie[36] a qual exige uma atuação específica do Estado. Ressalta que no Brasil "todas as contribuições têm tido hipótese de incidência de imposto, na configuração que o imaginoso – mas sem técnica – legislador tem lhe dado".

*Ataliba* entendia que a Hipótese de Incidência das contribuições configurar-se-iam como atuação estatal indireta e mediata ao obrigado (e referida mediante um elemento ou circunstância intermediária). Tratar-se-ia de consequência da ação estatal que toca o obrigado.

Assim, defendia que toda vez que se institua um tributo chamado contribuição e que essa, por sua vez tivesse hipótese de incidência de imposto, caberia realizar interpretação conforme a Constituição para que a imposição tributária siga os exatos limites que os impostos recebem da Constituição Federal (tais como as regras de repartição, de anterioridade, e o respeito a todas as limitações ao poder de tributar).

É notável a classificação defendida por *Ataliba*, porque embora hodiernamente essa não seja a adotada pelo STF, não implica incorreção da mesma, notadamente em razão da grandiosidade de litígios tributários no Brasil envolverem a análise de inconstitucionalidades incidentes sobre as Contribuições.

### 3. Principais ideias (legado)

*Geraldo Ataliba* foi, sem dúvida, uma das personalidades mais influentes no Direito Tributário brasileiro e cuja obra segue influenciando gerações.

Além do IGA (Instituto Geraldo Ataliba), dos cursos de Pós-Graduação da PUC SP, das Revistas de Direito Tributário e Revista de Direito Público que seguem tendo suas edições atualizadas, a contribuição de *Ataliba* ao amadurecimento do Direito Tributário é inegável,

---

[35] Refere-se que atualmente a doutrina majoritária bem como o STF adotaram a classificação chamada *pentapartite*, que considera como tributo os impostos, as taxas, as contribuições de melhoria, empréstimo compulsório e as contribuições especiais, previstas no art. 149 e 149-A da Constituição Federal.

[36] ATALIBA, Geraldo. *Hipótese de Incidência Tributária*, p. 208.

sua corrente doutrinária segue sendo a majoritária, em especial nos ideais de vinculação plena do Direito Tributário à Constituição Federal e marcantemente, pela influência que exerceu nos grandes nomes do Direito Tributário tais como José Souto Maior Borges, Mizabel Derzi, Roque Antonio Carrazza e até mesmo Paulo de Barros Carvalho.

Que suas ideias possam seguir sendo difundidas uma vez que privilegiam os ideais do Estado Democrático e de Direito pela supremacia e eficácia da Constituição Federal.

## 4. Referências de outras obras

> *Aos meus filhos não quero deixar coisas materiais, riquezas*
> *(que tudo isso se perde, é precário e enganoso).*
> *Quero contribuir para deixar instituições sólidas e duradouras,*
> *para que eles, com seu trabalho, construam um país feliz,*
> *onde não haja miséria e desigualdade.*
> GERALDO ATALIBA (em carta enviada ao
> Ministro Carlos Mario da Silva Velloso). [37]

Em que pese a grande influência e pioneirismo de *Geraldo Ataliba*, o doutrinador deixou-nos apenas as seguintes obras escritas:

- Natureza jurídica da contribuição de melhoria 1964;
- Noções de Direito Tributário – 1964;
- Cota de previdência e autonomia municipal – 1966;
- Regime jurídico constitucional das relações entre municípios e autarquias federais – 1966;
- O Decreto-lei na Constituição de 1967 – 1967;
- Sistema constitucional tributário brasileiro – 1968;
- Apontamentos de ciência das finanças, direito financeiro e tributário – 1969;
- Lei Complementar na Constituição – 1971;
- Hipótese de Incidência Tributária 1973;
- Empréstimos Públicos e seu Regime Jurídico – 1973;
- Estudos e pareceres de direito tributário – 1978;
- ICM, diferimento – 1980;
- Competência legislativa supletiva estadual – 1982;
- República e Constituição 1985.

---

[37] VELLOSO, Carlos Mario da Silva. *Geraldo Ataliba Jurista Maior e Mestre de Vida*. Discurso proferido na Conferência de Abertura do XXX Encontro Nacional de Procuradores Municipais, patrocinado pelo Instituto Brasileiro de Direito Municipal, na cidade de Recife, PE, em 25.7.2004. *In: Revista Internacional de Direito Tributário*. Belo Horizonte, v.1., n.2., p. 269-283, jul/dez 2004. p. 269-283.

# Referências bibliográficas

ATALIBA, Geraldo. Discurso de Posse Professor Titular da UNIVERSIDADE DE SÃO PAULO. disponível em <www.revistas.usp.br/rfdusp/article/download/67020/69630>. Acesso em 10.01.2016.

——. *Hipótese de Incidência Tributária*. 6ª ed. 13ª Tiragem. Malheiros: São Paulo. 2012.

——. *Empréstimos Públicos e seu Regime Jurídico*. São Paulo: RT, 1973.

BECKER, Alfredo Augusto. Teoria Geral do Direito Tributário. São Paulo: Saraiva, 1963.

BOTTALLO, Eduardo Domingos (Coord.). Direito tributário: homenagem a Geraldo Ataliba. São Paulo: Quartier Latin, 2005.

CARRAZZA, Roque Antônio, 1949-. Homenagem a Geraldo Ataliba. Caderno de Direito Constitucional e Ciência Política. São Paulo, n. 16, p. 82-85, jul./set. 1996. <http://www.rodaviva.fapesp.br/materia/820/entrevistados/geraldo_ataliba_1992.htm> Acesso em 20.12.2015.

MELLO, Celso Antonio Bandeira de (Coord). *Estudos em Homenagem a Geraldo Ataliba*. Malheiros: São Paulo. 1997.

SUNDFELD, Carlos Ari. O entusiasta do direito público – Homenagem a Geraldo Ataliba. FGLAW, Julho de 2010. São Paulo: Fundação Getúlio Vargas. Disponível em <http://biblioteca.portalbolsasdeestudo.com.br/link/?id=2401477>. Acesso em 10.01.2016

TVE. RODA VIVA. Entrevista disponível no seguinte link: <http://www.rodaviva.fapesp.br/materia/820/entrevistados/geraldo_ataliba_1992.htm> Acesso em 20.12.2015.

VELLOSO, Carlos Mário da Silva, 1936. Geraldo Ataliba, jurista maior e mestre de vida. Revista de Direito Constitucional e Internacional. São Paulo, n. 49, p. 7-20, out./dez. 2004.

——. *Geraldo Ataliba Jurista Maior e Mestre de Vida*. Fórum Administrativo: Direito Público. Belo Horizonte, n. 43, p. 4372-80, set. 2004. Disponível em <www.revistas.usp.br/rfdusp/article/download/67311/69921> Acesso em 20.12.2015.

——. *Geraldo Ataliba Jurista Maior e Mestre de Vida*. Discurso proferido na Conferência de Abertura do XXX Encontro Nacional de Procuradores Municipais, patrocinado pelo Instituto Brasileiro de Direito Municipal, na cidade de Recife, PE, em 25.7.2004. *In: Revista Internacional de Direito Tributário*. Belo Horizonte, v. 1., n. 2., p. 269-283, jul./dez. 2004, p. 269-283.

# — Paulo de Barros Carvalho —

## EDUARDO MUXFELDT BAZZANELLA[1]

*Sumário*: 1. Vida; 2. Obra, escola e corrente; 3. Principais ideias; 4. Principais obras.

### 1. Vida

*Paulo de Barros Carvalho*[2] nasceu em 15 de dezembro de 1938, na cidade de São Paulo. Filho de pai pernambucano e mãe gaúcha, a família possuía ligação com Getúlio Vargas, fato que levou o autor a trabalhar no gabinete de João Goulart, conforme veremos posteriormente.

Estudou no Colégio São Luís, escola jesuíta por onde passaram outros grandes nomes do direito, tal como Geraldo Ataliba, Fabio Konder Comparato, Celso Antônio Bandeira de Mello e Tércio Sampaio Ferraz Jr.

Antes de iniciar os estudos na então Faculdade Paulista de Direito, posteriormente Pontifícia Universidade Católica de São Paulo, cursa quase um ano de engenharia. Na faculdade de Direito, foi aluno de grandes juristas, como Osvaldo Aranha Bandeira de Mello, Ruy Barbosa Nogueira, Carvalho Pinto, Washington de Barros Monteiro, dentre outros. Apesar da predileção pelo Direito Penal, desiste de convite para trabalhar na área. Quando indicado para trabalhar no gabinete do Vice-Presidente João Goulart, nutre interesse pelo Direito Tributário e é orientado a ler as obras de Rubens Gomes de Souza e Ruy Barbosa Nogueira.

Após formar-se, por brevíssimo período, monta escritório com Michel Temer, Celso Ribeiro Bastos, José Eduardo Bandeira de Mello.

---

[1] Mestre em Direito pela PUC-RS. Especialista em Direito Tributário pelo IBET e especialista em Administração de Empresas pela UFRGS. Advogado. Membro do GTAX – Grupo de Pesquisas Avançadas em Direito Tributário da PUC-RS.

[2] Informações obtidas através do Projeto História Oral do Campo Jurídico em São Paulo, do Centro de Pesquisa e Documentação de História Contemporânea do Brasil (CPDOC/FGV). Disponível em: <http://cpdoc.fgv.br/campojuridico/paulo-barros>. Acesso em 30/12/2015.

Clássicos do Direito Tributário

Cursou especialização em Administração de Empresas pela Fundação Getúlio Vargas – FGV – e especialização (equivalente ao mestrado) em Direito Comercial na Universidade de São Paulo – USP. O autor possuía interesse pelo Direito Comercial em razão das grandes questões de direito bancário em discussão na época. Também cursa especialização em Direito Tributário, realizando os cursos quase que concomitantemente.

No curto período em que possuía o escritório, localizado em uma sala de propriedade de Osvaldo Aranha Bandeira de Mello, constantemente recebia a visita de Celso Antônio Bandeira de Mello e Geraldo Ataliba, que passavam momentos utilizando a sala para discutir questões relevantes do Direito. De lá, Celso Ribeiro Bastos saiu como Assistente de Celso Antônio Bandeira de Mello em Direito Administrativo; Michel Temer em Direito Constitucional, e *Paulo de Barros Carvalho* como assistente de Geraldo Ataliba na disciplina de Direito Tributário.

Participa dos quadros do Ministério da Fazenda, tendo sido nomeado em 1963 e efetivado em 1969 como Auditor Fiscal do Tesouro Nacional. Aposentou-se em 1993. Exerceu a função de Presidente de Câmara do Primeiro Conselho de Contribuintes do Ministério da Fazenda, no período de 1974 a 1976 e membro da 4ª Câmara do Primeiro Conselho de Contribuintes do Ministério da Fazenda, de 1974 a 1976.

O doutorado em Direito obtido através da PUC-SP origina sua obra clássica: *Teoria da Norma Tributária*. A livre docência, pela mesma universidade, versa sobre a regra matriz de incidência tributária do então Imposto sobre Circulação de Mercadorias – ICM. O pós-doutorado realizado na PUC-SP dá origem ao livro *Curso de Direito Tributário*, e o pós-doutorado na USP apresenta o livro *Direito Tributário – Fundamentos Jurídicos da Incidência*. Com a aposentadoria de Alcides Jorge Costa, Geraldo Ataliba e Eros Roberto Grau incentivam o autor a apresentar o trabalho de pós-doutoramento na USP, sendo o único professor titular de Direito na PUC-SP e USP, concomitantemente.

Preside o Instituto de Estudos Tributários – IBET –, entidade criada por Rubens Gomes de Souza, Antônio Roberto Sampaio Dória e Fábio Fanucchi em 1971, que conta com cursos de pós-graduação por todo país. É advogado militante, com escritório na cidade de São Paulo.

## 2. Obra, escola e corrente

O autor parte de uma abordagem normativista, preocupando-se também com a análise linguística do sistema constitucional tributário.[3]

---

[3] TORRES, Ricardo Lobo. *Tratado de direito constitucional financeiro e tributário. vol. I: constituição financeira, sistema tributário e estado fiscal.* Rio de Janeiro: Renovar, 2009, p. 29.

A tese de doutoramento, Teoria da Norma Tributária, marca uma evolução no estudo do Direito Tributário nacional. Considerado, na época, o único trabalho que se ocupava exclusivamente da metodologia do Direito Tributário, propôs, nas palavras de Geraldo Ataliba, "uma revisão completa dos próprios pontos de partida dos raciocínios que a doutrina se habituou a desenvolver de modo convencional".[4] A metodologia rigorosa desenvolvida na tese de doutoramento acompanha o autor em todos os escritos. A partir dos estudos de lógica jurídica, organizou os fundamentos da "regra matriz de incidência tributária" indo além dos estudos de Alfredo Augusto Becker (natureza da norma tributária), com quem iniciou os estudos em semiótica, e Geraldo Ataliba (hipótese de incidência tributária).

Por volta de 1975, *Paulo de Barros Carvalho* escreve a Alfredo Augusto Becker, contando da aquisição de livros tradicionais de autores italianos sobre o Direito Tributário. Como resposta, Becker encaminha três livros, voltados à semântica, semiótica e ciência da linguagem, convidando-o a estudar teoria da linguagem.[5]

Assim, o aperfeiçoamento teórico com os recursos da semiótica e da lógica jurídica, a partir de seu encontro com Lourival Vilanova, levaram ao "constructivismo filosófico",[6] ou "constructivismo lógico-semântico".

### 3. Principais ideias

A realidade, através do constructivismo lógico-semântico, é constituída pela linguagem. Ainda que a experiência captada pelos sentidos do ser humano forneça dados para que o sujeito conheça a realidade, somente após a nominação desses dados pela linguagem é que podemos conhecê-los, identificá-los e transformá-los em realidade objetiva.[7] A linguagem é autorreferente e autossustentável, ou seja, a linguagem se fundamenta em outra linguagem, que lhe dá suporte e referência. Uma sentença interrogativa será respondida por outra sentença, podendo ser afirmativa ou negativa, construindo ou destruindo o sentido que foi dado pela linguagem.

---

[4] ATALIBA, Geraldo. Prefácio. *In:* CARVALHO, Paulo de Barros. *Teoria da Norma Tributária*. 1 ed. São Paulo: Edições Lael, 1974, p. 14.

[5] CARVALHO, Paulo de Barros. Prefácio. *In:* BECKER, Alfredo Augusto. *Teoria geral do direito tributário*. 4 ed. São Paulo: Noeses, 2007, p. XXI-XXII.

[6] TÔRRES, Heleno Taveira. Prefácio. *In:* ——. (Coord.) *Tratado de direito constitucional tributário: estudos em homenagem a Paulo de Barros Carvalho*. São Paulo: Saraiva, p. XI.

[7] CARVALHO, Aurora Tomazini de. *Teoria geral do direito: o constructivismo Lógico-Semântico*. (Tese) Doutorado em Direito. 623 p. São Paulo: Pontifícia Universidade Católica de São Paulo, p. 29.

Clássicos do Direito Tributário

Como ela se autossustenta, pode criar coisas ou descrever certos acontecimentos sem que haja referência; como uma mentira, que se sustentará até que outro enunciado a desconstrua.[8] A verdade será o valor atribuído a uma preposição quando ela for coerente com certo modelo, ou seja, será correspondente a um conjunto estruturado de formulações linguísticas.[9]

O discurso científico, portanto, será construído através da desconstrução analítica da linguagem natural. Quanto mais decomposta e analisada, mais preciso será o discurso científico. A decomposição pressupõe um processo interpretativo que atribuirá um novo sentido, construindo uma nova linguagem para as diferentes partes do objeto.[10]

Apoiado em Husserl, que define o direito na região ôntica dos entes culturais, produzidos pelo homem, visando à realização de um fim, ressalta que o Direito apresenta, dentre outros, um traço peculiar: a linguagem como seu integrante constitutivo. "A linguagem não só fala do objeto (Ciência do Direito), como participa de sua constituição (Direito Positivo)". Não há fenômeno jurídico onde não há normas, e não há normas onde não exista linguagem.[11]

Um acontecimento social, para se tornar algo jurídico, deve ser transformado em linguagem jurídica, ou seja, deve ser descrito em linguagem competente, compatível com o sistema jurídico. O fenômeno da incidência da norma não é automática, nem infalível, à ocorrência do evento, ela depende que tal acontecimento seja descrito na linguagem competente para que a norma seja aplicada.

Como a realidade se constitui pela linguagem, o estudo de uma teoria sobre essa realidade denotará uma linguagem de sobrenível. Na Ciência do Direito isso é facilmente visualizável, pois seu objeto é materializável através da linguagem escrita, tal como a sentença, as leis, os contratos, etc.

Ciência do Direito e Direito Positivo são, portanto, dois mundos diversos, inconfundíveis, com peculiaridades próprias, de tal sorte que são dois corpos de linguagem com organização lógica e funções semânticas e pragmáticas diversas. "O Direito Positivo é o complexo de normas jurídicas válidas num determinado país" é uma linguagem

---

[8] CARVALHO, Aurora Tomazini de. *Teoria geral do direito: o constructivismo Lógico-Semântico.* (Tese) 623 p. São Paulo: Pontifícia Universidade Católica de São Paulo, p. 39.

[9] Ibid., p. 35.

[10] Ibid., p. 52.

[11] CARVALHO. Paulo de Barros. Princípios e sobreprincípios na interpretação do direito. *In:* GRUPENMACHER, Betina Trieger (Coord.). *Tributação: democracia e liberdade.* São Paulo: Noeses, p. 821.

que prescreve condutas, própria dos sistemas normativos. Já a Ciência do Direito descreve o universo normativo, ordenando, hierarquizando, exibindo a lógica entre o relacionamento das normas e oferecendo conteúdos de significado.[12] Enquanto a Ciência do Direito adota critérios de verdade ou falsidade, o Direito Positivo utiliza critérios de validade ou invalidade.

O sentido de um texto jurídico será construído pelo intérprete. Dado que o Direito Positivo é um sistema prescritivo (orientador de condutas), o primeiro plano em que o exegeta encontra é o de enunciados prescritivos (S1). O jurista, ao ler o conjunto de símbolos e enunciados, passará a interpretá-lo, atribuindo-lhe significados (plano dos enunciados). A partir de tais significações, passa a estruturar a mensagem, dando-lhe interpretações isoladas, ainda não estruturadas, no sistema das preposições (S2). Para que as normas possam revelar um conteúdo prescritivo, é necessário estruturá-las na fórmula hipotético-condicional (H - C), ou seja, dado um fato hipotético relevante, desejado pelo legislador, será uma consequência descrita no suposto normativo. Ingressa-se, daí, no sistema de normas jurídicas em sentido estrito (S3). Ao final, como a norma jurídica não existe de maneira isolada no ordenamento jurídico, deve o intérprete situá-la, estabelecendo ordenações de subordinação e coordenação com as demais normas do sistema jurídico, no plano da sistematização (S4).

A norma jurídica, assim, será construída pelo intérprete em uma estrutura implicacional, própria de uma relação de causa e efeito. A hipótese (H), ou antecedente, descreve um fato de possível ocorrência. O consequente (C), ou tese, estabelecerá a relação entre dois sujeitos, em uma das três possibilidades: obrigatório (O), proibido (V) ou permitido (P). Por exemplo, ocorrida a hipótese de variação financeira positiva em determinado período, a consequência será o pagamento obrigatório de determinada quantia a título de imposto sobre a renda.

Um dos grandes pontos de contribuição de *Paulo de Barros Carvalho* para o estudo do Direito Tributário está justamente no estudo da norma jurídica completa, onde a grande maioria dos autores, à época, centravam seus estudos apenas no antecedente normativo, ou seja, na hipótese da norma tributária ("glorificação do fato gerador").

A partir dos escritos de Kelsen e Cossio, o autor realiza os estudos sobre a norma primária (que estatui direitos e deveres relacionados a dois ou mais sujeitos) e a norma secundária (que estabelece a sanção por descumprimento da norma primária), ambas, logicamente, em sua estrutura hipotético-condicional.

---

[12] CARVALHO. Paulo de Barros. *Curso de direito tributário.* 20 ed. rev. São Paulo: Saraiva, 2008, p. 1-2.

Especificando seus estudos para a norma tributária, *Paulo de Barros Carvalho* percebe a repetição de padrões nos comandos normativos, estabelecendo o conteúdo mínimo irredutível para a deflagração da norma jurídica tributária: a *regra-matriz de incidência tributária*.

Retomando a relação hipotético-condicional, a norma jurídica tributária possuirá em sua hipótese (antecedente): i) critério material (núcleo fático); ii) critério espacial (delimitação de lugar); e iii) critério temporal (delimitação de tempo de ocorrência do fato). Já no consequente estarão presentes: a) critério pessoal (composto de um sujeito ativo e passivo da relação tributária); e b) critério quantitativo (composto pela base de cálculo e respectiva alíquota do tributo).

Dessa forma, a hipótese, que é sempre a descrição de um fato, na sua acepção tributária, denotará um verbo com seu complemento (critério material), cuja ocorrência em determinado lugar (critério espacial) e em determinado tempo (critério temporal) desencadeará a consequência de uma relação jurídica entre um sujeito ativo (geralmente o Estado) para com o sujeito passivo (critério pessoal), precisando o montante a ser pago pelo sujeito passivo através da base de cálculo e correspondente alíquota (critério quantitativo).

Assim, importar produto estrangeiro no território aduaneiro, no momento de seu desembaraço, trará a consequência de a União ser credora do importador, do valor correspondente à alíquota prevista na legislação, incidente sobre o valor da operação de importação.[13] A norma secundária será desencadeada do não cumprimento da norma primária, obrigando o sujeito passivo ao pagamento mediante a coerção judicial.

A análise pormenorizada da regra-matriz de incidência tributária será relevante para demonstrar como a base de cálculo é medida da materialidade do fato jurídico tributário, como por exemplo, a impossibilidade de atribuir ao imposto de importação de automóveis ao calado, posto que esse é o atributo de embarcações.[14] De igual forma, a base de cálculo é elemento determinante do verdadeiro critério material da hipótese tributária, de tal sorte que se o imposto predial e territorial urbano tivesse como base de cálculo o total de rendimentos auferidos a título de locação no ano imediatamente anterior, estaríamos, bem verdade, diante de um imposto sobre a renda.[15] Nota-se, aí

---

[13] CARVALHO, Paulo de Barros. A regra-matriz de incidência do imposto de importação sobre a importação de produtos estrangeiros. *Revista da Receita Federal: estudos tributários e aduaneiros*. n. 1, v. 1, p. 62-77, 2014.

[14] CARVALHO, Paulo de Barros. *Teoria da norma tributária*. São Paulo: Edições Lael, 1974, p. 164.

[15] Ibid. p. 166-167.

a relevância da crítica e do estudo do consequente normativo para a evolução do Direito Tributário nacional.

## 4. Principais obras

- Direito Tributário: linguagem e método, 4ª ed. São Paulo: Noeses, 2015.
- Direito Tributário: fundamentos jurídicos da incidência, 10a. edição – São Paulo: Saraiva, 2015.
- Curso de Direito Tributário, 26ª ed. São Paulo: Saraiva, 2014.
- Derecho Tributario: fundamentos jurídicos de la incidencia, 3ª ed. Lima: Grijley, 2013.
- Diritto Tributario – Bologna: CEDAM, 2004.
- A Regra-Matriz do ICM – Edição particular limitada – São Paulo, 1981.
- Comentários ao Código Tributário Nacional, em coautoria com Rubens Gomes de Souza e Geraldo Ataliba. 2ª ed. São Paulo, 1980.
- Decadência e Prescrição no Direito Tributário – Caderno de Pesquisas Tributárias nº 1 – São Paulo: Resenha Tributária, 1975.
- Teoria da Norma Tributária, 2ª ed. São Paulo: Revista dos Tribunais, 1973.

# — Ives Gandra da Silva Martins —

## A Teoria da Imposição Tributária

## CRISTIANE DE MARCHI[1]

*Sumário*: 1. Vida ; 2. Obra: "Teoria da Imposição Tributária" (1983); 3. Principais ideias do autor; 4. Referências de outras obras (individuais) do autor.

## 1. Vida

*Ives Gandra da Silva Martins* nasceu em 12 de fevereiro de 1935. É um advogado tributarista (OAB-SP: 11.178), professor, escritor e um reconhecido e aclamado jurista brasileiro, com prestígio também internacional. É sócio do escritório Advocacia Gandra Martins – SP.

Formou-se em Ciências Jurídicas e Sociais, pela Faculdade de Direito da Universidade de São Paulo, em 15 de janeiro de 1959. Doutorou-se em Direito pela Universidade Mackenzie, em 14 de dezembro de 1982, com distinção (nota 9,5), apresentando a tese: "Uma Contribuição ao Estudo da Imposição Tributária". Concluiu especialização em Ciência das Finanças, em 25 de maio de 1971, pela Faculdade de Direito da Universidade de São Paulo, e em Direito Tributário, em 11 de abril de 1970, pela Faculdade de Direito da Universidade de São Paulo (USP). Possui também especialização em Direito Constitucional, pela Universidade Mackenzie, em 11 de abril de 1990.

Presidente do Centro de Extensão Universitária, professor emérito da Universidade Mackenzie e professor *honoris causa* (2011) pela Pontifícia Universidade Católica do Paraná – PUC/PR (2016), pela

---

[1] Mestranda em Direito (Fundamentos Constitucionais do Direito Público e do Direito Privado) pela Pontifícia Universidade Católica do Rio Grande do Sul – PUC/RS. Especialista em Direito Tributário, pela Fundação Getúlio Vargas – FGV, e Especialista em Gestão de Tributos e Planejamento Tributário Estratégico, pela PUC/RS. Bolsista da Coordenação de Aperfeiçoamento de Pessoal de Nível Superior – CAPES. Membro do GTAX – Grupo de Pesquisas Avançadas em Direito Tributário da PUC/RS. Membro do Grupo de Pesquisa de Interpretação Constitucional e Direito Administrativo da PUC/RS. Advogada. E-mail: cristiane@cdx.adv.br

FMU – Faculdades Metropolitanas Unidas – e pelo Centro Universitário FIEO. É membro da Academia Paulista de Letras, do Instituto dos Advogados de São Paulo e da Ordem dos Advogados – secção de São Paulo.

Foi um dos primeiros brasileiros a ingressarem no Opus Dei, sendo seu principal supernumerário no Brasil. É considerado o seu porta-voz mais influente na política nacional.

Pai do Ministro *Ives Gandra da Silva Martins Filho,* do Tribunal Superior do Trabalho (TST).

*Ives* tornou-se professor emérito das universidades Mackenzie Paulista, e da ECEME – Escola de Comando do Estado Maior do Exército.

É um dos principais advogados tributaristas do País. Advoga há mais de cinquenta anos no Supremo Tribunal Federal. Desde sua primeira sustentação oral na corte, em 1962, *Ives* participou da elaboração de diversos projetos de lei no País, inclusive do trabalho da Assembleia Nacional Constituinte, de 1986, com influência no sistema tributário delineado na Constituição Federal de 1988.

Começou a atuar no Direito Tributário quando houve uma mudança total do Sistema, em 1958, ano em que a lei do imposto de consumo introduziu o princípio da não cumulatividade.

Ao longo de sua trajetória, *Ives* recebeu vários prêmios, tais como: Colar de Mérito Judiciário dos Tribunais de São Paulo e do Rio de Janeiro; Medalha Anchieta da Câmara Municipal de São Paulo; Medalha do Mérito Cultural Judiciário do Instituto Nacional da Magistratura e da Ordem do Mérito Militar do Exército Brasileiro.

Foi biografado em um documentário, em 2005, por José Sales Neto, com direção do advogado Luís Carlos Gomes e participação especial da escritora Lygia Fagundes Telles, de seu irmão, o maestro João Carlos Martins, e do poeta Paulo Bomfim.

É autor de 90 obras individuais publicadas; a grande maioria na área do Direito Tributário e Empresarial, além de poemas e sonetos. Possui 329 livros publicados, em coautoria, e mais de 800 estudos sobre assuntos diversos, incluindo direito, filosofia, história, literatura e música, traduzidos em mais de 10 idiomas, em 17 países. Possui cerca de 2000 artigos científicos escritos.

Na Faculdade, foi aluno de Miguel Reale, considerado, por *Ives*, o maior jurista e filósofo do Brasil. Fundou, junto com Reale, a Academia Internacional de Direito e Economia, sucedendo-o na Academia Brasileira de Filosofia.

Sua influência no Direito Tributário deu-se pelo estudo da linha jusnaturalista e tridimensionalista, em que se dá relevância maior ao fato jurídico (o fato sociológico e o fato gerado). A norma é importante porque representa a dicção (uma compreensão), mas o Direito é fundamentalmente o fato compreendido e transformado em norma. A teoria tridimensional do Direito parte do princípio, na formulação de Miguel Reale, seguido por *Ives*, de que os fatos em um determinado momento são "jurisdicizados". Nessa "jurisdicização" dos fatos jurídicos, há uma valoração por parte do legislador. Portanto, a dicção normativa é importante, mas apenas representa os fatos que foram gerados. Há, portanto, fato, valor e norma. No momento em que surge uma nova norma, esta regulamenta um fato que, em função das tensões das realidades humanas, provoca uma nova tensão, uma nova norma, que cria um novo fato, que cria uma nova norma e, por isso, o Direito é dinâmico. Essa é a importância de sua obra "Teoria da Imposição Tributária", que será adiante tratada.

## 2. Obra: "Teoria da Imposição Tributária" (1983)

A primeira edição de sua obra foi publicada em 1983, com prefácio de Bernardo Ribeiro de Moraes. O livro possui uma segunda edição, em 1998 – obra esgotada. O livro é baseado na tese de doutoramento para a Universidade Mackenzie, primeira defendida, na área de Direito, nessa Instituição de Ensino.

A essência de sua tese condiz com o desenvolvimento do Estado, com fulcro no Direito natural. Direito natural deve ser sempre respeitado pelo Direito positivo (faculdades naturais não resultam da vontade do legislador que, jamais, pode negar tais direitos, sob pena de rejeição social).

Como principais ideias do autor, pode-se citar que os seres humanos estão sujeitos às leis naturais da sua condição superior – nos campos biológico e especifico – como a consciência e a razão, bem como o direito positivo e o direito natural, que devem sempre ser pensados conjuntamente.

Sustenta ser o fenômeno econômico um elemento vital para a formulação da política fiscal. Por tal razão, a participação desmedida do Estado na economia faz com que a imposição tributária seja norma de rejeição social, sendo que essa rejeição afeta a norma na medida em que a participação do Estado na economia aumenta.

Sua teoria é lastreada em elementos jurídicos e pré-jurídicos. A obra se divide em três partes: Parte I – Fundamentos da imposição tributária; Parte II – A função social da imposição tributária; Parte III – Tributação sobre atividades ilícitas.

Em síntese, sua obra abarca dez princípios fundamentais da imposição tributária, formulação de uma política fiscal e estudos sobre atividades indesejáveis, ilícitas, ou aparentemente lícitas.

Na Parte I, "Fundamentos da Imposição Tributária", o autor faz uma distinção entre direito natural e direito formal. Os seres humanos estão sujeitos às leis naturais próprias da sua condição de superioridade, em especial à da consciência e à da razão. As ciências exatas, ou humanas, em especial a ciência jurídica, são apreendedoras das leis naturais universais, aplicando-as de forma a otimizá-las a favor da sociedade que por suas leis é conduzida. O direito positivo e o direito natural devem sempre formar a mesma realidade, para que as leis que regulam a convivência social possam ser eficazes.

A lei natural, que rege a convivência, é necessariamente justa, harmônica e moral. O exercício da razão e o livre-arbítrio nem sempre permitem que o direito positivo seja a expressão do direito natural, momento em que o abuso criado gera violação da própria estrutura social. A percepção dessa fenomenologia inviabiliza o exame do direito apenas a partir do estudo formal de sua estrutura normativa, mas exige o conhecimento de toda a deontologia necessária dos comportamentos sociais.

*Ives* defende, portanto, que os estudos da escola formal do direito são úteis, como parte de um estudo global da ciência jurídica, mas são insuficientes, na medida em que pretendem esgotar toda a atividade jurídica em área isolada do conhecimento humano (esquecendo dos demais fatores filosóficos, jusnaturalistas, econômicos, sociais, políticos, ...). Isso seria a conclusão da insuficiência da mera postura formalista (interligação dos direitos econômico, financeiro e tributário).

O conhecimento do fato, a ponderação que receberá para o complemento normativo e sua formulação impositiva compõem os três elementos objetos de estudo da Ciência do Direito.

O ato de valorar corretamente identifica o Direito natural e o Direito positivo. Em visão abrangente, o estudo do Direito pressupõe o exame do fato por ele regulado e do elemento axiológico que permite a eleição da norma incindível.

*Ives* elabora sua teoria, dispondo que, na imposição tributária, o fato econômico é a sua origem. A economia é, como todas as relações humanas e do Universo, regida por leis naturais.

O Estado participa da fenomenologia econômica, principalmente por meio da imposição jurídico-tributária (necessidade de receita).

As relações econômicas devem fluir naturalmente, cabendo ao Estado intervir o mínimo possível, retirando dessas relações o que seja necessário para prover suas funções instrumentais de preservar e de estimular o desenvolvimento social. Defende, portanto, que uma participação desmedida do Estado nas relações econômicas estáticas e dinâmicas, passadas e presentes, transforma a norma de imposição tributária em norma de rejeição social (normas que poucos cumprem se não houver sanção), o que acarreta um distanciamento entre direito positivo e direito natural.

### 3. Principais ideias do autor

*Ives*, ao desenvolver sua obra, analisa a imposição tributária sob influência de dez princípios fundamentais:

Os princípios de natureza estrutural (ambos voltados para uma justiça na tributação), os quais seriam a 1) *capacidade contributiva* – "aquela potencialidade do sujeito passivo da relação tributária de agregar, ao patrimônio e necessidades do erário, recursos que não afetem sua própria possibilidade de gerá-los, risco de a tributação se transformar em confisco", e a 2) *redistribuição de riquezas* – "finalidade estatal de reciclar seus ingressos tributários, permitindo que outras pessoas atinjam a capacidade contributiva, sem prejudicar a capacidade contributiva daqueles que os criaram".

Os princípios de natureza formal seriam a garantia dos contribuintes que possuem sua única segurança na lei, como a 3) *legalidade* – disposta no artigo 97 do CTN e artigo 153, § 2º, da antiga Constituição (67), que tratava da legalidade em sentido amplo (e que consta na Constituição Federal de 1988 como uma das limitações ao poder de tributar, no artigo 150, I, que veda aos entes da Federação exigir ou aumentar tributo sem lei que o estabeleça; e a 4) *tipicidade* – norma tributária do tipo cerrado, fechado, inelástico, seja em sua regulamentação, seja em sua aplicação.

Os princípios de natureza estrutural e formal dispõem sobre a 5) *igualdade genérica ou isonomia* (ou não discriminação tributária), que surgiu expressa, dessa forma, somente com a CF/88, em seu artigo 150; a 6) *desigualdade seletiva* – o respeito ao princípio da isonomia deve gerar a desigualdade seletiva, capaz de compor o princípio da capacidade contributiva com o da distribuição de riquezas; 7) princípio da *inter-relação espacial*, em que nenhum Estado sobrevive no plano econômico sem manter relações internacionais, observando-se o respeito da tributação às relações econômicas internacionais; a 8) *imposição equalitária* que, ao nível internacional, permite a adoção de forma tributária que respeite os outros princípios, pelo exercício de fatores externos às soberanias nacionais (planejamento tributário internacional).

Nesse contexto, ainda integram a lista os princípios da 9) *tríplice função integrativa*, que também diz respeito às relações internacionais e que seriam os acordos gerais, regionais, econômicos ou setoriais (GATT, MCE = CEE, etc.); os acordos contra dupla tributação; as legislações semelhantes, ao nível internacional, sem eliminação de outras opções de integração impositiva; e o 10) *superior interesse nacional*, uma exceção para o autor, que se refere à possibilidade de os países utilizarem alternativas tributárias protecionistas ou incentivadoras, mesmo que por técnicas extrafiscais.

Na função axiológica da norma tributária, cabe o estudo do Direito financeiro que, pela utilização dos dez princípios tratados, elegerá o grau de imposição receptiva que aplicará a matéria escolhida: eis que é o fato econômico que fornece a matéria eleita para a norma.

A conclusão de *Ives* é de que o Direito econômico fornece o fato, e cabe ao Direito financeiro a valoração desse fato, para a composição da norma. Como resultante desse processo, ao Direito tributário cabe a geração da norma. O exame da fenomenologia impositiva é dedicado ao campo da obrigação tributária (que é o gênero fundamental da imposição).

A obrigação tributária, para o autor, possui duas espécies: tributo e sanção. Conforme o artigo 113 do CTN, a obrigação tributária é principal ou acessória. A eleição da obrigação tributária, como núcleo da imposição tributária, que instituiu como técnicas impositivas o tributo e a sanção, deve possuir a integração de todo o ordenamento jurídico, bem como a integração absoluta de três outros ramos: Direito econômico (fato – Direito estrutural), Direito financeiro (valor – Direito natural) e Direito tributário (norma – Direito instrumental). O Direito meramente formal é insuficiente. E a sanção é a causa real de cumprimento da norma tributária por ser, essa, típica norma de rejeição social.

Na Parte II, "Função Social da Imposição Tributária", o autor discorre sobre as regras fundamentais que regem a concepção das normas tributárias, enquanto normas de rejeição social, pelo distanciamento entre Direito tributário positivo e Direito tributário natural:

Tais regras, *Ives* retrata-as como: a) quanto maior a carga tributária, maior a tentação em não cumpri-la; b) quanto mais injusta a carga tributária, maior justificação moral para não cumpri-la; c) quanto mais injusta e maior a carga tributária, maior será a sanção para que a sonegação seja evitada; d) quanto menor a sanção, em uma carga tributária alta, maior será a sonegação; e) quanto menor a carga tributária, menor a sonegação; f) quanto menor a carga tributária, menos relevante é o papel da sanção.

Em sua classificação, *Ives* destaca os elementos da obrigação tributária, descritos no Código Tributário Nacional, que tem como sujeito ativo da obrigação tributária o Estado, ou a entidade delegada, e o sujeito passivo como o contribuinte ou o responsável tributário, e o tributo classificado em cinco espécies: impostos, taxas, contribuições especiais, empréstimo compulsório e contribuição de melhoria.

A tributação penal é aquele incidente sobre atividades ilícitas, sendo a penalidade classificada em penas acessórias e penas por falta de adimplência do tributo

Na Parte III da obra, "Tributação sobre Atividades Ilícitas", o autor transfere a ilicitude para o âmbito tributário, implicando: a) ilícito para outros ramos, e lícito para o Direito tributário (como exemplos, o estelionato e a contravenção penal de exibição de filmes proibido a menor de idade; b) ilícito para outros ramos, e ilícito para o Direito tributário, tendo como exemplo maior o contrabando; e c) ilícito para o Direito tributário, e lícito para os demais ramos, como a falta de recolhimento culposo ou doloso de tributo (salvo expressa disposição legal, sem consequências aos demais ramos).

Há atividades, em "zona cinzenta", entre licitude e ilicitude, e a preocupação com a forma de desincentivo de um fato não desejável, sem transformá-lo em ilícito. O exemplo trazido pelo autor é o imposto suplementar sobre a renda na remessa de dividendos, em que há o conflito entre o direito do contribuinte de fazer o que quiser com os lucros de sua aplicação e a perda de divisas e investimento, no País, do dinheiro remetido ao Exterior. A solução de imposto suplementar de renda visa a atentar a todos os aspectos, e consta na Lei 4.131/62, em seu artigo 43 (que previa tributação de até 60%, quando fossem enviados lucros acima de 25%, ao ano, para outro país).

Como atividades ilícitas, *Ives* contempla os jogos, a prostituição, a pornografia, a exploração de lenocínio (tributação mais elevada em atividades ligadas indiretamente à prostituição, como os *taxi-dancings* (casas de agenciamento de "prostitutas" em SP – tributação elevada de ISS).

Havia divergências doutrinárias se era cabida a tributação. Não é imoral tributar atividades ilícitas, usufruindo o Estado da lucratividade da ilicitude, pois, nesses casos, o tributo visa a reduzir o campo de atuação de tais atividades (é o princípio do *pecunia non olet*, que está previsto no artigo 118 do Código Tributário Nacional). Isso porque a tributação é notadamente desestimuladora. O ilícito tributário decorrente de erros técnicos de tributação é norma que fere os princípios de Direito tributário, em especial os da capacidade contributiva e da redistribuição de riquezas. O não cumprimento da norma, nessa hipótese, configura o lícito.

*Ives* atenta ao fato de que nem todas as atividades ilícitas devem ser combatidas pela tributação desestimuladora, sob pena de se tornar o próprio Estado o principal promotor da atividade que deseja combater, algo que deve ser sempre avaliado com cuidado. Há impossibilidade de tributação de certos crimes, como homicídio, crimes contra o patrimônio, contra a honra. Também há concorrência desleal de certas atividades lícitas (com sensível caráter de ilicitude), como a exploração de motéis, filmes e revistas pornográficas, casa de "massagens", pois, embora sofram tributação, em grande parte há sonegação, em razão do sigilo que os que dela participam, pretendem. Tais deveriam ser tributadas com maior carga (de ISS ou IR), para seu desincentivo.

Também é possível a utilização de medidas extrafiscais, como incentivos e estímulos relevantes. Receita gerada por tributo decorrente de atividade desestimulada poderia ser destinada à melhoria do setor carcerário, por exemplo.

A transformação do ilícito legal e moral para o lícito tributário, para o combate de tais atividades em seu ponto principal – rentabilidade econômica, não vai contra a lei natural. O aumento do campo de incidência tributária nessa função desestimuladora poderia reduzir, sob determinados aspectos, a carga tributária incidente sobre as atividades lícitas e reguladas.

*Ives*, ao final, conclui que nenhuma teoria da imposição tributária é possível sem que todos os seus campos sejam entendidos, sendo a relevância dos elementos pré-jurídicos tão importantes quanto aqueles que provocam e definem a norma. A melhor forma de analisar essa fenomenologia é estudá-la a partir de uma concepção de interdependência, para transformar o tributo no verdadeiro instituto superior de realização da sociedade.

## 4. Referências de outras obras (individuais) do autor.

1. *Pelos caminhos do silêncio*. Poesias, 1956.
2. *Desenvolvimento econômico e Segurança Nacional - Teoria do Limite Crítico*. prefácio do ex-ministro do Planejamento Roberto de Oliveira Campos. Ed. Bushatsky, 1971.
3. *A apropriação indébita no Direito Tributário Brasileiro*. Editora Bushatsky. prefácio de Joaquim Canuto Mendes de Almeida, 1975.
4. *Imposto de Renda - Estudos e Pareceres*. Editora Resenha Tributária, prefácio de Fábio Fanucchi, 1977.

5. *O Estado de Direito e o Direito do Estado.* Ed. José Bushatsky, prefácio de Paulo de Barros Carvalho, 1977; 2ª Edição, Lex Editora, 2006.
6. *Da sanção tributária.* Editora Saraiva, prefácio de Geraldo Ataliba, 1980; 2ª edição, 1998.
7. *Direito Econômico e Tributário - Comentários e Pareceres.* Editora Resenha Tributária, 324 pgs, prefácio de Luís Carlos de Azevedo, 1982.
8. *Teoria da Imposição Tributária.* Prefácio de Bernardo Ribeiro de Moraes, Editora Saraiva, 1983; 2ª edição, LTr Editora, 1997.
9. *O Poder.* Introdução de Ruy Mesquita. Editora Saraiva, 1984; 2ª edição, Lex, 2006.
10. *Direito Constitucional Tributário.* Edições CEJUP, 1984; 2ª edição, 1985.
11. *Direito Empresarial.* Editora Forense, prefácio de Gilberto de Ulhôa Canto, 1985; 2ª edição, 1986.
12. *Direito Tributário Interpretado.* Coed. CEJUP/IASP, prefácio de Alberto Xavier, 1985.
13. *A separação de poderes no Brasil.* Editora Programa Nacional de Desburocratização/ IASP, prefácio do Ministro Paulo Lustosa, 1985.
14. *Direito Econômico e Empresarial.* Edições CEJUP, 1986.
15. *Direito Econômico.* Editora Forense, 1987.
16. *Roteiro para uma Constituição.* Editora Forense, 1987; 2ª edição, Lex, 2006.
17. *A nova classe ociosa.* Coed. Editora Forense/Academia Internacional de Direito e Economia, 1987; 2ª edição, Lex Editora, 2006.
18. *Direito Tributário e Econômico - Pareceres sobre a Nova Ordem econômica.* Ed. Resenha Tributária, 1987.
19. *Direito Público e Empresarial.* CEJUP, 1988.
20. *Direito Administrativo e Empresarial.* Cejup, 1989.
21. *Advocacia Empresarial.* Ed. OAB-SP, 1988.
22. *O Direito em Frangalhos.* CEJUP, 1988.
23. *Sistema Tributário na Constituição de 1988.* Editora Saraiva, 1ª Edição, 1989; 2ª Edição, 1990; 3ª Edição, 1990; 2ª tiragem, 1992; 4ª Edição, 1993; 5ª Edição, 1998; 6ª edição, 2007; 2ª tiragem, 2008.
24/35. *A Constituição Aplicada.* 12 Volumes, Edições CEJUP, 1989/1998.
36. *O Plano Brasil Novo e a Constituição.* Editora Forense, 1990.
37. *Duas Lendas.* Edições CEJUP, 1991; 2ª ed., 1998, Green Forest; 3ª ed. Pax et Spes, 2005.
38. *Aspectos Constitucionais do Plano Collor I e II.* Editora Forense, 1991.
39. *Discursos de Posse.* Saraiva, 1992.
40. *Direito Constitucional Interpretado.* Editora Revista dos Tribunais, 1992.
41. *O Impeachment na Constituição de 1988.* Edições CEJUP, 1992.
42. *Quartetos de Ladainha.* Edições CEJUP, 1993; 2ª Ed., Pax et Spes, 2001.
43. *O que é Parlamentarismo Monárquico.* Editora Brasiliense, 1993.
44. *Olhar no Tempo.* Ed. Resenha Tributária, 1994; 2ª. Ed., Green Forest, 1998.
45. *Dois Poemas.* Ed. Saraiva, 1994; 2ª. Ed., Green Forest, 1998.
46. *Tempo Pretérito.* Sonetos, Ed. Clube de Poesia, 1994; 2ª. ed., Green Forest, 1996.
47. *Intemporal Espaço.* Ed. Clube de Poesia, 1995; 2a. ed., Green Forest, 1998.
48. *Aspectos práticos da teoria da imposição tributária.* Nova Alvorada edições, 1995.
49. *Uma Visão do Mundo Contemporâneo.* Ed. Pioneira, Brasil e Ed. Universitária em Portugal, 1996; em russo na Bulgária em 1997; em romeno, Ed. Continente, Bucarest, 2001.

Clássicos do Direito Tributário

50. *Discursos de Posse e Recepção*. Ed. Giordano, 1997.
51. *Pretérito Imperfeito*. Ed. Giordano, 1997; 2a. ed., Green Forest, 1998.
52. *Questões de Direito Constitucional*. Celso Bastos Editor, IBDC, 1998.
53. *Questões de Direito Econômico*. Editora Revista dos Tribunais, 1998.
54. *Questões Atuais de Direito Tributário*. Livr. Del Rey Editora, Belo Horizonte, 1999.
55. *O Livro de Ruth*. Green Forest do Brasil Editora, SP, 1999.
56. *Questões de Direito Administrativo*. Obra Jurídica Ed., Florianópolis/SC, 1999.
57. *A era das contradições*. Editora Futura, 2000; Ed. Universitária, Portugal, 2001.
58. *Temas de Direito Público*. Editora Juarez de Oliveira, 2000.
59. *Navegantes do Espaço, antologia poética*. Ed. Imago, 2001 266 / 278.
60. *Temas atuais de Direito Tributário*. Ed. Elevação - Jurídica, 2001.
61. *Meu Rosário - Ladainha de N. Senhora*. Ed. Pax Spes (Cláudio Giordano), 2001; 2ª. Ed. Santuário, 2004.
62. *Discurso de Posse da Academia Cristã de Letras*. Ed. Pax Spes (Cláudio Giordano), janeiro/2002.
63. *Tempo de Lendas*. Ed. Pax Spes (Cláudio Giordano), outubro/2002; 2ª. Ed., Pax Spes, 2005.
64. *Via Sacra*. Ed. Giordano, novembro/2002; 2ª. Ed. Santuário, 2004.
65. *Série Grandes Pareceristas*. Vol.1 - América Jurídica -março/2003.
66. *Pretérito Presente*. Ed. Pax Spes (Cláudio Giordano)/ 2003.
67. *História de São Paulo*. Vol.1, Editora LTr/2003.
68. *Em Tempos do Senhor*. Vol.1, Editora Santuário/2004.
69. *A queda dos mitos econômicos*. Vol.1, Editora Pioneira Thomson Learning/2004.
70. *Conheça a Constituição*. Vol. 1, Editora Manole/2005; 71. "Conheça a Constituição", Vol. 2, Editora Manole/2006.
72. *Conheça a Constituição*. Vol. 3, Editora Manole/2007.
73. *Uma Teoria do Tributo*. Ed. Quartier Latin, 2005.
74. *Reflexões sobre Direito Tributário*. Editora Edifieo/2006.
75. *A Crise do Estado Democrático*. Universitária Editora/2006.
76. *O Estado de Direito e o Direito do Estado*. Outros Escritos, Lex Editora/2006.
77. *Cem Sonetos*. Ed. Pax et Spes, ilustrações Adriana Florence, 2006.
78. *Exercício de Cidadania*. Lex Editora, 2007.
79. *Livreto com o discurso proferido na ABF "Em busca de uma ordem social justa"* Editado pela APH com apoio do CIEE/2008.
80. *50 Poemas Escolhidos pelo Autor*. Edições Galo Branco/2008.
81. *Um Advogado em Brasília*. Editora MP/2009.
82. *Uma breve teoria do poder*. Ed. Revista dos Tribunais, 2009.
83. *Meu Diário em Sonetos* n.1. Ed. Pax&Spes /2010.
84. *Meu Diário em Sonetos* n.2. Ed. Pax&Spes/2010.
85. *Meu Diário em Sonetos* n.3. Ed. Pax&Spes/2010.
86. Meu Diário em Sonetos n.4. Ed. Pax&Spes/2010.
87. Uma Breve Introdução ao Direito. Editora RT, Ed./2010.
88. Uma Breve Introdução ao Direito. Editora RT, Ed./2011.
89 *Una Breve Introducción al Direcho* - Colección Internacional - RM Advisors Ediciones, 1º Edição/ México/2011.
90. Na *Folha de São Paulo* Artigos Selecionados. Editora Lex Magister, 2012.

# — Ricardo Lobo Torres —

## A Ideia de Liberdade no Estado Fiscal e no Estado Patrimonial

### LARISSA LAKS[1]

*Sumário*: 1. Vida; 2. A obra: escola e corrente; 3. Principais ideias; 4. Legado e influência da obra; 4. Referências de outras obras.

## 1. Vida

Ricardo Lobo Torres graduou-se em Direito, pela Universidade Federal Fluminense, em 1958; em Filosofia, pela Universidade do Estado do Rio de Janeiro, em 1962, e concluiu seu doutorado em Filosofia, pela Universidade Gama Filho, em 1990, tendo apresentado, como tese de doutoramento, a pesquisa denominada "A Ideia de Liberdade no Estado Patrimonial e no Estado Fiscal", publicada no livro que foi estudado mediante este breve ensaio, em 1991.

Exerceu o cargo de Procurador do Estado do Rio de Janeiro e os cargos de professor da Universidade do Estado do Rio de Janeiro, da Universidade Gama Filho, da Universidade Iguaçu, da Pontifícia Universidade Católica do Rio de Janeiro e de expositor da Escola da Magistratura do Estado do Rio de Janeiro.

## 2. A obra: escola e corrente

Ricardo Lobo Torres é fluente em diversas línguas, o que lhe possibilitou estudar Direito comparado, o que lhe permitiu realizar

---

[1] Doutoranda em Direito Tributário, pela PUC/RS. Mestre em Direito Tributário, pela UFRGS. Pós-Graduada em Direito Empresarial, pela Fundação Getúlio Vargas. Professora do curso de Pós-Graduação em Direito e Gestão Tributária da UNISINOS. Integrante do Conselho de Pareceristas da Revista de Finanças Públicas, Tributação e Desenvolvimento e da Revista Quaestio Juris. Pesquisadora do GTAX – Grupo de Pesquisas Avançadas em Direito Tributário – PUC/RS. Advogada. E-mail: larissa.laks@gmail.com

pesquisas de grande relevo para o Direito tributário brasileiro, que lhe conferiram papel de destaque como o primeiro jurista do País a pretender incorporar conceitos valorativos no Direito tributário, em um período em que a Ciência do direito e também o estudo do Direito tributário eram dominados por um rígido positivismo,[2] que propunha a separação do campo do Direito em relação ao da moral.

A tese de doutorado do autor foi publicada no livro "A Ideia de Liberdade no Estado Patrimonial e no Estado Fiscal",[3] objeto do presente estudo, primeiro de uma série de importantes obras escritas pelo autor, que é dono de uma vasta produção bibliográfica, especialmente voltada à discussão de temas como a Constituição Financeira e Tributária, a Interpretação do Direito Tributário,[4] os Direitos Humanos e Tributação[5] e o Mínimo Existencial.[6]

Na obra "A Ideia de Liberdade no Estado Patrimonial e no Estado Fiscal", livro denso, que faz um grande apanhado histórico, o professor Lobo Torres já nos demonstra que a o pagamento de tributos é uma forma de exercício da liberdade individual; que liberdade e tributação são conceitos amalgamados, e que existe uma parcela da riqueza individual que deve ser excluída da tributação; que deve assegurar o mínimo destinado à proporcionar condições de vida digna aos indivíduos, da qual se origina o conceito de mínimo existencial, intocável pela tributação.

Na obra objeto do presente estudo, a partir do desenvolvimento do conceito de mínimo existencial, observa-se o desenvolvimento da base teórica e de convergência dos estudos posteriormente desenvolvidos pelo autor, relativos à aproximação entre a ética, a moral, os princípios e valores constitucionais tributários,[7] entre a tributação e a

---

[2] Para melhor esclarecimento, adota-se o seguinte conceito de positivismo jurídico formulado por MENDES, Gilmar: *Interpretação e Aplicação da Constituição*, São Paulo: Saraiva, 2009, p. 324. Pelo qual: "O positivismo jurídico foi a importação do positivismo filosófico para o mundo do Direito, na pretensão de criar-se uma ciência jurídica, com características análogas às ciências naturais. A busca de objetividade científica, com ênfase na realidade observável e não na especulação filosófica, apartou o direito da moral e dos valores transcendentes".

[3] TORRES, Ricardo Lobo. *A Ideia de Liberdade no Estado Patrimonial e no Estado Fiscal*. Rio de Janeiro: Renovar, 1991.

[4] Vide TORRES, Ricardo Lobo. *Normas de Interpretação e Integração do Direito Tributário*. Rio de Janeiro: Renovar, 2006.

[5] Conforme *Legitimação dos Direitos Humanos*. Ana Paula de Barcellos [*et al.*], org: TORRES, Ricardo Lobo. Rio de Janeiro: Renovar, 2007.

[6] TORRES, Ricardo Lobo. *O Direito ao Mínimo Existencial*. Rio de Janeiro: Renovar: 2009.

[7] Tema objeto de maior estudo do autor a partir da obra: Torres, Ricardo Lobo. *Os Sistemas Constitucionais Tributários*, Rio de Janeiro: Forense, 1986, que posteriormente é aprofundado na obra que denominou *Tratado de Direito Constitucional Financeiro e Tributário*, volume II. Rio de Janeiro: Renovar, 2005, na qual o autor trata da necessária relação, muitas vezes relegada à importância secundária na época, entre temas como a ética, os princípios e valores constitucionais e a tributação.

redução de desigualdades sociais, a garantia dos direitos fundamentais[8] e a legitimação dos direitos humanos, o que nos permite afirmar que Lobo Torres é um dos precursores da doutrina do pós-positivismo[9] aplicada ao Direito tributário.

Importante referir, ainda, que, diante da incessante discussão social e política acerca do papel a ser exercido pela tributação no estado Social e Democrático de Direito, a obra "A Ideia de Liberdade no Estado Patrimonial e no Estado Fiscal", apesar de ter sido escrita há 25 anos, não perde sua atualidade, tratando-se de um verdadeiro clássico, de leitura imprescindível para qualquer estudioso do Direito tributário ou para aqueles que pretendam discutir o papel da tributação como mero instrumento de arrecadação de receitas, ou como meio de afirmação de liberdades individuais ou de redução de desigualdades sociais.

### 3. Principais ideias

Conforme exposto adiante, o livro do professor Lobo Torres, denominado "A Ideia de Liberdade no Estado Patrimonial e no Estado Fiscal", formula uma abordagem rica, densa e fruto de uma aprofundada pesquisa histórica, que abrange o Brasil e países como Portugal, Espanha, Áustria, Inglaterra e França, que procura retratar a forma de exercício do poder fiscal e sua relação com a liberdade, desde o período do chamado Estado Patrimonial, passando pelo período do Estado de Polícia e culminando com o Estado Liberal.

A seguir, portanto, pretendeu-se retratar, ainda que em apertada síntese, as principais observações do autor sobre o desenvolvimento das relações entre os conceitos de liberdade e tributação, em diferentes períodos históricos.

O autor refere, portanto, que o Estado Patrimonial surge pela necessidade de organização estatal para fazer a guerra, e vive precipuamente das rendas do príncipe, considerando a receita dos tributos de modo secundário, além de conviver com a fiscalidade periférica da Igreja e da Nobreza, tendo se desenvolvido até o final do século XVII

---

[8] Vide *Teoria dos Direitos Fundamentais*. Celso de Albuquerque Mello [*et al.*], Org: TORRES, Ricardo Lobo. Rio de Janeiro: Renovar, 2001.

[9] Para fins de conceituação, adotaremos o conceito de pós-positivismo como provisório, pois decorrente de um processo evolutivo ainda em curso, segundo a definição formulada por MENDES, Gilmar. *Interpretação e Aplicação da Constituição*. São Paulo: Saraiva, 2009, p. 327. Refere que: "O pós-positivismo é a designação provisória e genérica de um ideário difuso, no qual se incluem a definição das relações entre valores, princípios e regras, aspectos da chamada nova hermenêutica e teoria dos direitos fundamentais".

e início do sec. XVIII. No patrimonialismo, as rendas tributárias não são consideradas como recursos públicos, pois são apropriadas de forma privada, tendo em vista a confusão entre os ingressos dominiais e tributários, não havendo distinção entre os recursos públicos e do príncipe.

O período do Estado patrimonial é marcado pela ideia de que incumbia à Igreja e aos católicos ricos a assistência social aos pobres, e pela influência escolástica e da moral da salvação religiosa, na busca do caminho da vida eterna, que defendia o direito natural de origem divina, no sentido de que o poder do rei emanaria de Deus, marcado por dogmas que condenavam o luxo e a usura em todas as suas formas.

No período do feudalismo, o senhorio cobrava tributos e rendas patrimoniais, porque o feudo era um conjunto rentável de direitos. Com a formação dos Estados Modernos, transfere-se, para o rei ou príncipe territorial, o poder de exigir impostos. Porém, nos países que aderiram ao patrimonialismo, o senhorio e a Igreja conservam perifericamente o direito a algumas rendas fiscais e patrimoniais. Esse é, portanto, um resquício do feudalismo que declina no Estado de Polícia e só se extingue no liberalismo. A jurisdição do senhorio e os seus direitos a cobranças de tributos e rendas patrimoniais, portanto, só se extinguem, no Brasil e em Portugal, no final do século XVIII.

Ao tempo do Estado Patrimonial, segundo Lobo Torres, eram detentores de liberdades a Igreja, o Senhorio e a Realeza, no sentido de que a Nobreza e a Igreja se subordinavam, apenas excepcionalmente, à fiscalidade do príncipe, pois eram detentoras de privilégios e imunidades.[10]

No Estado Patrimonial, vigoravam duas ordens de ideias: a primeira, de que os pobres também deveriam pagar impostos, segundo uma visão de tributação advinda do princípio da proporcionalidade, que sustentava que o tributo devia ser cobrado apenas de forma indireta, sobre o consumo, de forma que os ricos, responsáveis por maiores parcelas de consumo em relação aos pobres, acabariam por arcar com maior parcela de tributos.

Segundo o professor Lobo Torres, o tributo, no Estado Patrimonial, representava uma restrição à liberdade em geral, sendo utilizado como instrumento de confisco. Contudo, havia forte resistência à

---

[10] TORRES, Ricardo Lobo. *A Ideia de Liberdade no Estado Patrimonial e no Estado Fiscal.* Rio de Janeiro: Renovar, 1991, p. 20. Refere nesse contexto que: "Não se pode, conseguintemente, concluir que o Estado Patrimonial não conheceu a liberdade; só que a vivenciou na sua forma estamental ou corporativa, isto é, como liberdade privada, inconfundível com as liberdades públicas do liberalismo".

opressão fiscal. Da mesma forma, a alta carga tributária indireta, vigente no período do Estado Patrimonial, seria, até aos dias de hoje, associada à manutenção de privilégios aristocráticos, ao passo que a tributação direta seria associada à democracia. Segundo o autor, ainda, a efetiva cobrança de impostos diretos ocorreria somente com o advento do liberalismo.[11]

O Estado de Polícia, segundo período histórico abordado no livro de Lobo Torres, desenvolve-se a partir do sec. XVIII e representa uma época de transição entre o Estado Patrimonial e o Estado Fiscal, de forma que se pode observar, nesse período, a manutenção de diversas características patrimonialistas e, concomitantemente, o surgimento de conceitos novos que se firmam apenas no período do Estado Fiscal.

O Estado Patrimonial, portanto, é marcado pelo fim dos privilégios da Nobreza e da Igreja, passando a tributação a ser centralizada na pessoa do soberano. Em termos políticos, o período corresponde ao do chamado absolutismo esclarecido, ainda marcado pelo exercício do poder absoluto das monarquias que passariam a conviver com a influência do pensamento iluminista, que acaba por exercer influência modernizadora nos governos monárquicos dos então chamados "príncipes esclarecidos", assim chamados em função da inserção de reformas modernizadoras, realizadas nos respectivos reinos, por influência do pensamento iluminista.[12]

Em termos econômicos, o período do Estado de Polícia corresponde à fase mercantilista, marcada pelo incentivo do lucro pelo trabalho, passando a ser permitida a usura, mas mantendo-se a proibição do consumo de luxo. Incentiva-se o novo conceito de que o trabalho enobrece o homem, passando a ser criticada a concepção, até então vigente, de nobreza hereditária, sendo o período marcado também pelo surgimento do conceito de meritocracia, situação muito distinta daquela que predominava no patrimonialismo, com a condenação da riqueza e o elogio à pobreza e à nobreza. No Estado de Polícia, passa a ser combatido o ócio da nobreza e de clérigos.[13]

Ainda, segundo a doutrina iluminista, propagada à época, a riqueza do soberano e a sua capacidade de arrecadar impostos dependeriam da riqueza dos súditos e da nação. Nesse contexto, a nação rica e próspera poderia gerar um rei rico e poderoso, e a felicidade do

---

[11] TORRES, Ricardo Lobo. *A Ideia de Liberdade no Estado Patrimonial e no Estado Fiscal*. Rio de Janeiro: Renovar, 1991, p. 35.

[12] Idem, p. 84.

[13] Idem, p. 85.

Estado adviria do bem-estar dos súditos, sob a orientação do príncipe esclarecido.[14]

Contudo, no Estado de Polícia são mantidos alguns conceitos patrimonialistas, como o da proibição do luxo e do confisco de bens dos judeus, sendo que, somente no período do liberalismo, se firmará a proibição de confisco como garantia da liberdade. Outro problema do período do absolutismo esclarecido é representado pela doutrina, segundo a qual não se poderia resistir ao poder do príncipe, no sentido de que, ainda nas hipóteses de injustiça, ou ofensas às suas liberdades, os súditos deveriam acatar ordens e leis emanadas dos soberanos. Observe-se, ainda, que o conceito de poder irresistível do rei não vigia no período da escolástica patrimonialista, época em que se defendia a resistência às leis injustas, o que será retomado com vigor no período do Estado Fiscal.

Observa o autor, ainda, que a ideia de combate aos privilégios da Nobreza e da Igreja[15] passa a ganhar espaço, mas, na prática, em estados como o Brasil e Portugal, tais privilégios se mantêm arraigados, ainda por, praticamente, todo o período do Estado de Polícia, só sendo realmente suprimidos com o advento do Estado Fiscal.[16] Já, em Estados como a França, os privilégios da nobreza são suprimidos, revolucionariamente, e cedem espaço aos privilégios burgueses.

No Estado de Polícia, a função de proteção aos pobres se transfere da Igreja para o Estado, passando a ser superados os conceitos de que a tributação também devesse recair sobre os pobres, segundo o fundamento da proporcionalidade, passando a ser defendido o conceito de mínimo existencial, que deveria ficar isento de tributação. Segundo Lobo Torres:

> De fato, a ideia de que a proporcionalidade é injusta, por atingir pelas mesmas alíquotas ricos e pobres, fortalece-se no cameralismo. Inicia-se a ideia de progressividade da tributação, limitada, porém, pela imunidade do mínimo existencial, com a retirada do campo da incidência fiscal daquelas pessoas que não possuem riqueza mínima para o

---

[14] TORRES, Ricardo Lobo. *A Ideia de Liberdade no Estado Patrimonial e no Estado Fiscal*. Rio de Janeiro: Renovar, 1991, p. 84.

[15] Idem, p. 77. Conceitua os privilégios como decorrentes de decisões majestáticas, quando refere que: "Esses privilégios são concedidos apenas por decisões majestáticas "O direito de conceder privilégios é direito majestático que a ninguém senão ao governante compete".

[16] TORRES, Ricardo Lobo. *A Ideia de Liberdade no Estado Patrimonial e no Estado Fiscal*. Rio de Janeiro: Renovar, 1991, p.81. Apresenta as considerações a respeito da manutenção de resquícios do patrimonialismo no Estado de Polícia luso-brasileiro, ao mencionar que: "O tema dos privilégios no Estado de Polícia luso-brasileiro é muito importante porque até hoje pouco conseguimos nos libertar de sua concepção fundamental. Bem é verdade que mudam eles de sentido no liberalismo, como veremos adiante. Nada obstante, temos seguido, especialmente nos períodos de autoritarismo, a política paternalista de privilégios fiscais e financeiros indiscriminados à burguesia, empobrecendo os assalariados e inibindo o aprimoramento da idéia de privilégio da cidadania, própria do Estado de Direito".

seu sustento. A legislação de D. Maria, de 17 de dezembro de 1789, alivia a sujeição fiscal dos pobres".[17]

Assim, importa referir que, segundo o autor, a relação entre tributação e liberdade vai se alargando, uma vez que, no Estado Patrimonial, a liberdade decorrente do pagamento de impostos somente libertava o homem da obrigação do serviço militar e, em contrapartida, limitava-se a liberdade pela condenação da riqueza, do trabalho e da usura. Já, no Estado de Polícia, fase do absolutismo esclarecido, o tributo passa à condição de fiador da conquista da riqueza e da felicidade, da liberdade de trabalho e do incentivo ao lucro no comércio e no câmbio. Nesse contexto, o tributo passa da condição de opressão à liberdade para trilhar o caminho de preço da liberdade, o que se consolida em maior escala no Estado Fiscal, quando se modifica profundamente a noção de tributo como preço da liberdade.[18]

A caracterização do Estado Fiscal, como específica figura do Estado de Direito, decorre do novo perfil da receita pública, fundado nos empréstimos, autorizados e garantidos pelo Legislativo, e, principalmente, nos tributos e ingressos, que derivam do trabalho e do patrimônio do contribuinte, ao invés de se originarem nos ingressos decorrentes do patrimônio do príncipe.

A implantação do Estado Fiscal delineia uma separação entre a Fazenda Pública e a Fazenda do Príncipe, entre política e economia, que, por conseguinte, abre-se para a publicidade e aumenta os limites da liberdade humana, de forma a incentivar as iniciativas individuais, o crescimento do comércio e da economia.

Os impostos, nesse contexto, firmam-se como preço dessa liberdade, incidindo sobre as vantagens auferidas pelo cidadão, com base na livre-iniciativa. Para fins de preservação da propriedade privada e a não caracterização de exageros no exercício da tributação, as limitações ao poder tributário passam a ser exercidas pelo constitucionalismo e pelas declarações de direitos, antecipados ou complementados pelas novas diretrizes do pensamento ético e jurídico.[19]

---

[17] TORRES, Ricardo Lobo. *A ideia de Liberdade no Estado Patrimonial e no Estado Fiscal*. Rio de Janeiro: Renovar, 1991, p. 82.

[18] Idem, p.83.

[19] Idem, p 98. Nesse contexto, interessantes as palavras do autor, (op. cit., p. 127), quando refere que: "O monopólio do poder fiscal exercido pelo Estado, com a extinção da fiscalidade periférica da Igreja e da nobreza, não é absoluto ou ilimitado. O poder tributário, pela sua extrema contundência e pela aptidão para destruir a liberdade e a propriedade, surge limitadamente no espaço deixado pela autolimitação da liberdade e pelo consentimento no pacto constitucional. Em outras palavras, o tributo não limita a liberdade nem se autolimita, senão que pela liberdade é limitado, tendo em vista que apenas a representação e o consentimento lhe legitimam a imposição".

Clássicos do Direito Tributário

Segundo Lobo Torres, nos países que viveram o Estado de Polícia e o mercantilismo, como Brasil e Portugal, há sensível atraso na implementação do liberalismo na sua plenitude, o que também se verifica na Áustria, Alemanha e Itália, países que vivenciaram o feudalismo e o Estado de Polícia de forma intensa. Por outro lado, países como a Inglaterra e os Estados Unidos, de cultura protestante, e que não conheceram Estado de Polícia nem vivenciaram a fiscalidade da Igreja da mesma forma que a maioria dos países europeus, ingressaram mais cedo e de forma mais plena no liberalismo.

Segundo o autor, alguns estudiosos de tendências marxistas e weberianas pretendem demonstrar que o liberalismo jamais teria se implementado em terras luso-brasileiras, pois o Brasil não teria deixado de ser um Estado Patrimonial, marcado pela sobrevivência da arcaica sociedade estamental, de origem portuguesa, ou pelo predomínio do Estado sobre a sociedade civil, pelas heranças do pensamento escolástico e do mercantilismo.[20]

Embora abstraído certo exagero dessa tese, Lobo Torres aponta que, de fato, certo ranço patrimonialista nunca se extinguiu, à medida que, no Brasil e em Portugal, nunca teriam ocorrido verdadeiras reformas sociais, ou que sempre teriam sido mantidos certos privilégios odiosos,[21] que legitimariam a fórmula tradicionalista de que assim o é, porque assim sempre foi.[22] Contudo, para o autor, seria inegável que, mesmo de forma precária, o Brasil teria aderido ao liberalismo, pois a constituição do Estado Fiscal, além de ser um dado fático, constitui-se como uma realidade jurídica.

Portanto, consideradas as barreiras históricas e culturais, é possível afirmar que o liberalismo em nosso País se afirma nas décadas iniciais do século XIX, coincidindo com a Independência e a Constituição do Estado Fiscal, incorporando diversas ideias do período iluminista. No campo da ética, adota orientação utilitarista, com a valoração do trabalho como elemento para a conquista da liberdade e felicidade. No campo da Filosofia do Direito, predomina a doutrina do utilitarismo jusnaturalista, na linha de pensamento defendida por Bentham.

---

[20] TORRES, Ricardo Lobo. *A Ideia de Liberdade no Estado Patrimonial e no Estado Fiscal*. Rio de Janeiro: Renovar, 1991, p. 100. O autor refere, ainda, (op. cit., p. 107) que a ideia de liberdade enquanto limitação do poder fiscal do Estado sempre teve dificuldades para se afirmar, pois aparece muitas vezes mesclada com os conceitos de liberdade estamental e liberdade do príncipe.

[21] Idem, p. 100. Segundo o autor, ainda (op. cit, p. 99 e 101), um exemplo da perpetuação dos privilégios odiosos que representam herança patrimonialista no Brasil caracteriza-se pela manutenção de privilégios fiscais em favor dos militares, magistrados e deputados, o que se observa em nosso País até a implementação da Constituição Federal de 1988 no Brasil.

[22] Idem, p. 101.

Segundo Lobo Torres, contudo, o ecletismo é visível no liberalismo brasileiro, uma vez que a doutrina de Jeremy Bentham, adotada no País como fundamento filosófico no período, apresenta lacunas suscetíveis a emendas de ordem metafísica e religiosa, dada a sua incapacidade de fundamentar a liberdade, o que seria essencial, observada, ainda, a relação de absoluta essencialidade entre liberdade e tributação, conforme aponta o autor ao referir que:

> As relações entre liberdade e tributo no estado de Direito são de absoluta essencialidade. Não existe tributo sem liberdade, e a liberdade desaparece quando não a garante o tributo. A própria definição de tributo se inicia pela noção de liberdade. Cuida-se, no Estado Fiscal de Direito da liberdade individual.[23]

Além disso, seriam frágeis no Brasil as percepções da receita tributária como coisa pública, tema objeto de longa elaboração teórica, sendo devida a Adam Smith a mais completa teoria acerca da publicidade da tributação, o qual formula os princípios da incidência na proporção da capacidade de pagar, de cada um e da certeza e segurança jurídica na cobrança de tributos.

Como já referido, até o advento do Estado Fiscal, a tributação era predominantemente indireta e exercida segundo o princípio da proporcionalidade, ou do benefício, de forma que não havia distinção entre a incidência tributária que recaía sobre ricos e pobres, sendo que a única eventual distinção de carga de impostos incidente, sobre os mais abastados e a população menos privilegiada, decorria do maior nível de consumo praticado pelos ricos.[24]

Com o desenvolvimento do Estado Fiscal, há uma sensível mudança dessas premissas. Surgem os tributos diretos, assim como o conceito de incidência tributária segundo o princípio da progressividade fiscal e segundo a capacidade contributiva individual, o qual passa a ser inclusive consagrado constitucionalmente.

Observadas as dificuldades, portanto, o liberalismo consolida-se e o tributo publiciza-se, passando a incorporar elementos da política,

---

[23] TORRES, Ricardo Lobo. *A Ideia de Liberdade no Estado Patrimonial e no Estado Fiscal*. Rio de Janeiro: Renovar, 1991, p. 109.

[24] Idem, p. 82. Destaca as diferentes percepções acerca da incidência fiscal sobre os pobres e da distribuição do ônus da tributação na sociedade, quando menciona que: "Recorde-se que no Estado Patrimonial estamental vigoravam duas ordens de ideias: era a primeira que o pobre também deveria pagar o imposto, eis que o fundamento da tributação estava no princípio da proporcionalidade, recaindo a imposição maior sobre os ricos; a outra, a de que incumbia à Igreja e aos católicos a assistência social aos pobres. No Estado de Polícia – época de transição – alteram-se aquelas concepções: procura-se aliviar a tributação dos pobres e transferir para o Estado a sua proteção. De feito, a ideia de que a proporcionalidade é injusta, por atingir pelas mesmas condições os ricos e os pobres, fortalece-se no cameralismo. Inicia-se a defesa da progressividade da tributação, limitada, porém, pela imunidade do mínimo existencial, com a retirada do campo da incidência fiscal daquelas pessoas que não possuem riqueza mínima para o seu sustento".

da economia e da filosofia, eis que vinculada à doutrina do contrato social. Nesse contexto, aponta Lobo Torres:

> A outra idéia que conduziu à centralização do poder fiscal e à publicização do tributo foi a de contrato social, pelo que os cidadãos abririam mão de uma parcela mínima de sua liberdade em favor do Estado em troca da garantia e da segurança dos direitos da liberdade. Nessa perspectiva, o imposto adquire a dimensão de preço mínimo da liberdade ou de prêmio de seguro (...) A natureza contratual da tributação e o princípio do minimalismo fiscal aparecem ainda na obra de Bentham e de Adam Smith. (...) Nada obstante, em Portugal e no Brasil é frágil a recepção da idéia de contrato social como fundamento do tributo.[25]

Nesse contexto, prossegue o autor, referindo que, no Estado Fiscal, deve-se manter um mínimo de liberdade individual, intocável pelo imposto, de forma a ser permitido que o Estado exerça o poder tributário sobre a parcela não excluída pelo pacto constitucional, adquirindo tal imposição a característica de preço da liberdade, quando menciona que:

> Interessa-nos aqui a ideia, que já expusemos nos capítulos anteriores, de que o tributo é o preço da liberdade para o efeito de lhe fixar a finalidade ética e econômica e a dimensão existencial de instrumento de alienação do cidadão diante do Estado. Dentro desse ponto de vista é que vale a pena invocar a lição de Adam Smith: "Todo o imposto contudo é, para quem o paga, não um sinal de escravatura mas de liberdade. Denota que está sujeito ao governo, mas que, como tem alguma propriedade, não pode ser propriedade de um senhor.
>
> A dimensão libertadora do tributo vai se afirmar no liberalismo através do elogia da riqueza e do trabalho e da aceitação do lucro, juros e do consumo de luxo.[26]

No liberalismo, portanto, afirma-se o conceito de mínimo existencial, como a fatia dos rendimentos indispensáveis à subsistência, que seriam intocáveis pela tributação.[27] Contudo, embora reconhecido o grande avanço representado pelo conceito de que a parcela destinada à proteção de um mínimo de recursos necessários à existência digna não seja alcançável pela tributação, Lobo Torres ressalva que a proteção dos privilégios objetivos dos pobres ainda é bastante precária no período liberal, porquanto, ainda que o ônus da assistência social se

---

[25] TORRES, Ricardo Lobo. *A Ideia de Liberdade no Estado Patrimonial e no Estado Fiscal*. Rio de Janeiro: Renovar: 1991, p. 120.

[26] Idem, p. 139.

[27] Segundo TORRES, idem, p. 134: "No estado Fiscal de Direito a tributação repousa no princípio da capacidade contributiva, e não mais na só necessidade do governo. Esse princípio, emanado da ideia de justiça distributiva, vai se concretizar no subprincípio da progressividade, ingressando nas Constituições da França e do Brasil, entre outras. Passa a prevalecer, portanto, a regra da justiça segundo a qual cada cidadão deve pagar o imposto de acordo com sua capacidade de contribuir. Mas esse pagamento não atinge a parcela necessária à existência humana digna que, constituindo reserva de liberdade, limita o poder fiscal do Estado". Segundo o autor, contudo, *loc. cit.*, a imunidade do mínimo existencial nem sempre possui dicção constitucional própria, devendo ser lida nas entrelinhas do princípio da tributação progressiva.

transfira ao poder público, não se alcança a solução verdadeiramente liberal para o problema, dada a manutenção da política assistencialista do Estado intervencionista, em que são garantidos mais os privilégios odiosos dos ricos que os privilégios objetivos dos pobres.[28]

Segundo pertinentes observações de Lobo Torres, no Brasil sempre persistiram privilégios herdados do regime patrimonialista, e existe uma forte dificuldade de detecção da desigualdade que justifique o privilégio justo ou não odioso, o que representa um dos mais árduos problemas acerca dos direitos de liberdade. Considerada a igualdade como relação de medida e, portanto, um conceito vazio, a elucidação do seu significado dependeria de conteúdos externos e anteriores de justiça ou injustiça, que transformem um privilégio em privilégio odioso ou não, em usurpação de liberdade ou ofensa a direito fundamental de tratamento isonômico.[29]

Além disso, segundo o autor, a liberdade individual, em suas relações com o tributo, incorporaria as noções de igualdade, legalidade, representação e de busca pela felicidade.

A ideia de liberdade vinculada à de igualdade é, principalmente, sustentada pelos liberais moderados, pois os liberais radicais ou libertários repudiam a dimensão libertadora do tributo.

Em relação à legalidade, interessante referir o papel de Kant em relação à coincidência dos conceitos de liberdade e legalidade. Ele admite como livre a vontade que obedece à máxima elaborada pela razão prática.[30] Sob esse enfoque, no liberalismo desenvolve-se a concepção, segundo a qual a liberdade individual se expressa através do primado da lei formal, o que resulta na incorporação do princípio da legalidade tributária aos textos constitucionais de Estados de Direito.

A ideia de representação, desenvolvida de forma associada ao liberalismo, denota o conceito de que a liberdade no Estado de Direito se conecta à concepção de que o próprio povo é que se tributa, ao criar leis através de seus representantes (eleitos), estando intimamente ligadas às concepções de legalidade, representação e soberania.

---

[28] TORRES, Ricardo Lobo. *A Ideia de Liberdade no Estado Patrimonial e no Estado Fiscal*, Rio de Janeiro: Renovar: 1991, p. 150 e 151.

[29] Idem, p. 132. Interessantes, nesse contexto, as palavras do autor, op. cit, p. 130, ao exemplificar hipóteses de privilégios que considera justos e não odiosos, referir que: "Se o Estado Fiscal extingue os privilégios odiosos das classes e dos estamentos, passa a permitir o privilégio de o cidadão ser tratado desigualmente para que se compense uma desigualdade fundada em condições objetivas. Todo privilégio significa discriminação: quando, porém, o discrime se impõe em face da desigualdade na situação real, ao fito de se alcançar a igualdade final, torna-se permitido. Conceder auxílio aos pobres ou isentar do pagamento do tributo as pessoas de menor capacidade contributiva não é privilégio odioso".

[30] Idem, p 112.

---

Clássicos do Direito Tributário

**115**

Por fim, importa referir que a liberdade individual, cultivada pelo pensamento liberal luso-brasileiro, surge amalgamada à noção de felicidade, segundo o conceito de felicidade utilitarista defendido por Bentham, distinto do conceito de felicidade individualista. Pondera que o objetivo do governo deve-se traduzir na busca da garantia da maior felicidade possível para o maior número de pessoas, por meio da razão e do direito, sendo, nesse contexto, importante a presença do Estado para a concessão de estímulos ao desenvolvimento e à arrecadação de impostos.[31]

## 4. Legado e influência da obra

O livro *A Ideia de Liberdade no Estado Patrimonial e no Estado Fiscal* é, sem dúvida, uma obra muito importante para a compreensão da associação entre a concepção de tributação e a de preço da liberdade.

Ao explicitar o processo de implementação do Estado Fiscal, no Brasil, Lobo Torres demonstra que esse desenvolvimento ocorreu segundo um modelo distante da plenitude dos ideais liberais, pois o liberalismo, em nosso País, sempre conviveu em paralelo à manutenção de traços da cultura patrimonialista, tais como os privilégios da nobreza e as imunidades tributárias aplicáveis à Igreja, as quais, somadas ao fraco desenvolvimento da burguesia brasileira, nunca permitiram a implementação do liberalismo na sua plenitude.

Contudo, apesar das heranças patrimonialistas, o Brasil teria conseguido implementar um modelo de Estado Fiscal caracterizado pela separação entre os recursos reais e os recursos públicos, a partir da Independência, em 1824. Consideradas as características da cultura dominante nos períodos do Estado Patrimonial e do Estado de Polícia, enaltecedoras do ócio, da nobreza hereditária, que condenavam o lucro e o consumo de luxo, a implementação do Estado Fiscal também se caracteriza por uma profunda mudança cultural, a partir da valorização e incentivo ao trabalho, ao consumo e ao lucro, assim como às iniciativas individuais, ao crescimento do comércio e da economia.

No Estado Fiscal, a liberdade se assume como fiscalidade, e os impostos firmam-se como preço dessa liberdade, incidindo sobre as vantagens auferidas pelo cidadão com base na livre-iniciativa, no novo contexto de garantia de propriedades privadas, em que o tributo se constitui como uma forma de o cidadão garantir sua propriedade, à medida que cede parcela de sua propriedade através do pagamento

---

[31] TORRES, Ricardo Lobo. *A ideia de Liberdade no Estado Patrimonial e no Estado Fiscal*. Rio de Janeiro: Renovar: 1991, p.116.

de impostos ao Estado, segundo sua capacidade individual, o que lhe garante sua condição de cidadão livre, pois aquele que detém alguma propriedade não é propriedade de um senhor. Nesse contexto, o tributo se firma mediante a ideia de contrato social e a concepção de que, aquele que paga impostos, é detentor de uma liberdade, garantida e assegurada pelo Estado, a quem o cidadão paga tais tributos.

Importante destacar, também, a grande contribuição da obra, ao traduzir uma mudança do dever de proteção aos pobres, que passa a ser ônus do Estado no liberalismo, período em que se firma o conceito de mínimo existencial, como a fatia dos rendimentos indispensáveis à subsistência que seriam intocáveis pela tributação.

A obra do professor Lobo Torres consolida-se, portanto, como um clássico, de leitura imprescindível para os estudiosos do Direito tributário e das relações entre a cobrança de tributos e a asseguração das liberdades individuais. Além disso, observamos que, no estudo formulado na obra "A Ideia de Liberdade no estado Patrimonial e no Estado Fiscal", ao tratar da consolidação, no Estado Fiscal, do conceito mínimo existencial, intocável pela tributação, o jurista lança a pedra fundamental de toda a sua futura trajetória acadêmica, permeada pela constante preocupação relativa à necessidade de inserção de elementos axiológicos no direito tributário, além da preocupação relativa ao papel da tributação como meio de redução de desigualdades sociais e de garantia dos direitos fundamentais.

## 4. Referências de outras obras

BARCELOS, Ana Paula de [*et al.*]. *Legitimação dos Direitos Humanos.* Ana Paula de Barcellos. Org: TORRES, Ricardo Lobo, Rio de Janeiro: Renovar, 2007.

MELLO, Celso de Albuquerque. *Teoria dos Direitos Fundamentais.* Org: Torres, Ricardo Lobo, Rio de Janeiro: Renovar, 2001.

MENDES, Gilmar. *Interpretação e Aplicação da Constituição.* São Paulo: Saraiva, 2009.

TORRES, Ricardo Lobo. *A Ideia de Liberdade no Estado Patrimonial e no Estado Fiscal.* Rio de Janeiro: Renovar: 1991.

———. *Normas de Interpretação e Integração do Direito Tributário.* Rio de Janeiro: Renovar, 2006.

———. *O Direito ao Mínimo Existencial.* Rio de Janeiro: Renovar, 2009.

———. *Os Sistemas Constitucionais Tributários.* Rio de Janeiro: Forense, 1986.

———. *Tratado de Direito Constitucional Financeiro e Tributário.* v. II, Rio de Janeiro: Renovar, 2005.

*Impressão:*
Evangraf
Rua Waldomiro Schapke, 77 - POA/RS
Fone: (51) 3336.2466 - (51) 3336.0422
E-mail: evangraf.adm@terra.com.br